VOCÊ QUER, VOCÊ PODE

as estratégias do bom senso

Barry Siskind

VOCÊ QUER, VOCÊ PODE
as estratégias do bom senso

TRADUÇÃO:
Therezinha Monteiro Deutsch

Título Original: *Bumblebees Can't Fly*

Coordenação Editorial
Janice Flórido

Editor
Walter Sagardoy

Editora de Arte
Ana Suely S. Dobón

Capa:
Renata Paces

Revisão
Dirce Yamamoto
Fábio Alberti

Editoração Eletrônica
Dany Editora Ltda.

EDITORA NOVA CULTURAL LTDA.
Direitos exclusivos da edição em língua portuguesa no Brasil
adquiridos por Editora Nova Cultural Ltda.,
que se reserva a propriedade desta tradução.

EDITORA BEST SELLER
uma divisão da Editora Nova Cultural Ltda.
Rua Paes Leme, 524 - 10º andar - CEP 05424-010
Caixa Postal 9442 - São Paulo, SP

2002

Impressão e acabamento:
DONNELLEY COCHRANE GRÁFICA E EDITORA BRASIL LTDA.
DIVISÃO CÍRCULO - Fone: (55 11) 4191-4633

O bom senso (que na verdade nem sempre é "bom" para nós do jeito que gostaríamos) é o melhor senso que eu conheço. Escute-o, ele será o seu melhor conselheiro.

— Lord Chesterfield

ÍNDICE

AGRADECIMENTOS

As estratégias apresentadas neste livro foram criadas pelo meu cérebro e tomaram forma no meu computador durante os últimos sete anos. No decorrer desse tempo incontáveis pessoas ajudaram-me tanto abertamente — com sugestões, críticas e encorajamento — quanto discretamente — por intermédio de comentários e insights compartilhados durante conversas. A lista completa dos nomes dessas pessoas é longa demais para ser incluída aqui, mas há algumas que faço questão de mencionar.

Quero agradecer ao pessoal da Editora Stoddard, principalmente meus editores-carrascos Don Bastian e Jim Gifford, assim como à editora Janice Weaver e à revisora Kathlees Richards. Merecem agradecimentos especiais minha chefe-suprema Roberta Barens e Geoffrey Siskind, que me aconselharam por ocasião das primeiras versões de "As

Mamangabas Não Podem Voar" (tradução literal do título original) e contribuíram de maneira excepcional para esta edição final.

Devo, também, agradecer a Robert Mackwood, Ken Mark, Sandy Robertson, Tom Stirr, Tanis Helliwell, Sarah Davies, F. Stephen Ford, Linda Porter, Joan McKnight, Rav Berg, Karen Berg e Rabbi Avi Nachmias, bem como aos milhares de participantes de laboratórios, seminários e clientes que através dos anos ajudaram-me a encontrar as raízes do bom senso.

Enquanto você estiver lendo este livro, irá descobrir que bom senso é algo que todos nós temos. O que significa que existem incontáveis recursos à nossa disposição para aprendermos a reconhecê-lo e usá-lo. Meu recurso mais precioso é a minha família, Jillian, Geoffrey, Mark, Robert, Cory, Lynda, Carol, Suzanne e Aidyn. E, uma vez que o bom senso está em todo lugar, ele não teria nenhuma finalidade para mim sem Barbara, a companheira da minha vida — obrigado.

Introdução

O VÔO DA MAMANGABA

No início do século vinte a ciência declarou as mamangabas aerodinamicamente incapazes de voar. O peso do seu corpo em relação à envergadura de suas asas é desproporcional, explicaram, por isso as mamangabas não estavam habilitadas para voar.

Contudo, a despeito do que a ciência afirmou, as mamangabas *podem* voar. O vôo é o modo mais eficiente que as abelhas e seus semelhantes têm para ir das colmeias até as flores mais próximas, apanhar néctar e voltar. E o fazem. Por sorte as mamangabas não lêem revistas de ciência; se o fizessem nunca mais se atreveriam a sair do chão.

No momento em que as mamangabas ignoram a ciência e voam estão usando o bom senso. Nós também fomos abençoados ao receber bom senso e o usamos quando a solução para um problema mostra-se tão óbvia e correta que nenhuma outra atitude nos parece possível. No entanto, e muito mais do que se pode pensar, deixamos de utilizar os benefícios do nosso bom senso na maior parte dos dias da nossa vida.

Mas, afinal, o que é bom senso? Será que alguns de nós somos favorecidos com ele e outros não? E se nem todos nós o usamos, o que há de tão comum nisso?

O Que É Bom Senso?

Em palavras simples, bom senso é a habilidade de encontrar a solução certa para o problema certo no momento certo. A solução "certa" é a que dá melhor resultado, a que é a mais eficiente ou a mais fácil de aplicar. Parece fácil, não? Então, por que é sempre tão difícil encontrar a solução certa?

A resposta é que nem sempre sabemos usar o bom senso com o qual nascemos. E por não sabermos utilizar o nosso bom senso, na maior parte das vezes estamos despreparados para enfrentar um desafio. Do mesmo modo que os primeiros homens tiveram de enfrentar problemas como a fome, as pestes e ataques predatórios, temos um verdadeiro exército de novos (e muitas vezes igualmente perigosos) desafios a enfrentar — a explosão de informações, a perda da lealdade corporativa, o declínio ambiental, a especialização ocupacional, as viagens espaciais, o crescente poder da mídia e a globalização, para citar alguns. Nossos filhos e netos irão viver em um mundo radicalmente diferente do mundo que conhecemos quando crianças e irão enfrentar novos desafios que nem sequer somos capazes de imaginar. A única constante nesse mundo que se modifica sem parar é o bom senso. Ele é o nosso recurso mais valioso e, todavia, o menos usado.

Neste livro irei demonstrar que você pode utilizar o bom senso que sempre teve, começando por reconhecê-lo para poder aplicá-lo e, depois, fazendo bom uso dele. Defini várias estratégias fáceis de aprender que irão nos mostrar como viver em harmonia uns com os outros, dirigir nossos negócios com integridade e honestidade, criar nossos filhos com esperança num brilhante futuro e alcançar o que quisermos na vida. As estratégias — que gosto de chamar de Sete Estratégias do Bom Senso — irão conferir-lhe o poder de dirigir a sua vida e controlar o seu destino.

As Sete Estratégias do Bom Senso

Minhas Sete Estratégias do Bom Senso não se relacionam com nenhuma fórmula universal para o sucesso (como somar um com um e sempre conseguir dois). Afinal de contas, o que pode dar certo para uma pessoa pode não funcionar para outra. Mas as minhas estratégias são constantes. Dependendo da situação, cada um de nós pode aplicar a estratégia adequada, fazer ajustes para incluir variáveis, tais como nossos níveis cultural e social ou os pontos específicos de uma circunstância particular para chegar a uma solução que funcione. O modo pelo qual interpretamos e executamos as estratégias pode variar, mas as estratégias em si permanecem sempre as mesmas.

Estratégia #1: Duvide do Óbvio

Esta estratégia ajudará você a ampliar seus horizontes de modo a enxergar novas soluções para os problemas de todos os dias.

Estratégia #2: Permita que sua Capacidade Amplie Seu Ponto de Vista

Esta estratégia vai ensinar você a olhar além de cada dia e enxergar novas possibilidades mais adiante.

Estratégia #3: Conheça-se a Si Mesmo

Esta estratégia explica que cada ação se origina em suas forças vitais — valores, intelecto, emoção, experiência — e ajuda a equilibrar essas forças.

Estratégia #4: Transforme a Informação em Conhecimento

Esta estratégia introduz os princípios fundamentais que irão dar base aos seus pensamentos e suas ações.

Estratégia #5: Aceite o Inesperado

Esta estratégia ensina que a solução instintiva ou óbvia nem sempre é a melhor.

Estratégia #6: Mantenha-se no Rumo

Esta estratégia explica quando recuar e quando avançar. É um método infalível para nos trazer de volta ao rumo caso se perca a finalidade de vista.

Estratégia #7: Não Tenha Medo de Mudar de Barco no Meio do Rio

Esta estratégia final irá ensinar você a reconhecer quando pegou o caminho errado, como aceitar isso e concluir que deverá começar de novo.

Existe uma ordem nestas sete estratégias? Sim. Cada uma delas se baseia na anterior. Se você aprender a primeira inteiramente antes de passar para a segunda, e assim por diante, irá desenvolver um sistema que ajudará a dar um sentido a cada dia da sua vida.

De algum modo, em algum lugar do caminho, perdemos a percepção do que é de fato importante. Aí, o que devemos fazer? Encontrar um modo de ver o quadro completo. A peça que falta é o bom senso. Adicione a cor do bom senso na paleta e aparecerá um quadro mais claro, uma imagem mais distinta que você poderá entender e seguir.

Depois de um dia voando de flor em flor, tendo feito seu trabalho, as mamangabas voltam à colmeia e se deliciam com o mel. Se você seguir as Sete Estratégias do Bom Senso também encontrará o mel ao fim do dia.

Estratégia 1

DUVIDE DO ÓBVIO

Entre a idéia
E a realidade
Entre o movimento
E a ação
Paira a Sombra.

— T. S. Eliot, "*The Hollow Men*"

É freqüente que nos tornemos cativos no mundo em que vivemos. Convencemos a nós mesmos que não temos controle nem autoridade. E para evitar ter que assumir essa autoridade nos dizemos: "Não se pode lutar contra a Prefeitura..." ou "Se tivesse que ser..." ou ainda "É assim mesmo...".

Na verdade essas afirmativas apenas limitam nossa procura de soluções; elas nos isentam da nossa necessidade de mudar. O filósofo Albert Camus disse certa vez: "Aos trinta anos um homem deve conhecer-se como a palma de sua mão". Bertrand Russell afirmou: "A vida real é, para a maioria dos homens ... uma perpétua promessa entre o ideal e o possível". Eu acredito que essas mensagens definitivas — de que as coisas são como são e não podem ser mudadas — estão entre as que mais podem nos prejudicar. São palavras poderosas que nos ensinam a aceitar e abraçar nossa própria fraqueza.

A primeira estratégia ataca a idéia de que há coisas na vida que simplesmente não podem ser mudadas. Esse é o fundamento das seis estratégias seguintes, e se não o aceitarmos nenhuma das demais estratégias será eficiente. Ela nos ensina a questionar algumas de nossa antigas crenças e a compreender que essas coisas nem sempre são o que parecem. Se aceitarmos sem questionar tudo que nos é dito, a criatividade jamais poderá se revelar. E sem criatividade não conseguimos parar e pensar. Então percebemos que o bom senso sai pela janela.

A Verdade *Versus* o Mito

Neste mundo há dois tipos de verdade: verdades reais e noções que você se convenceu de que são verdades. Esta primeira estratégia de bom senso ajudará a distinguir entre a verdade e qualquer crença firmemente enraizada — isto é, um mito — que esteja limitando sua possibilidade de usar o bom senso.

Mas antes de começar a procurar a verdade você precisa compreender de que modo as noções preconcebidas podem prejudicar sua visão. Muitas vezes essas noções são bloqueios a serem desfeitos. Se você os aceita como verdades limita severamente suas chances de utilizar o bom senso.

Todos nós conhecemos algumas dessas crenças firmemente enraizadas: o trabalho dedicado é sempre recompensado; os governos irão nos proteger; chame a polícia se estiver em dificuldade. Às vezes essas crenças podem ser mal entendidas. Por exemplo, nem tudo o que deveria ser bom realmente o é. Nem sempre o sistema é infalível. Muitas vezes a fé cega pode conduzir à complacência e até mesmo ao desastre — gente inocente termina presa por engano; empresas fortes de repente vão à falência; relacionamentos que pareciam sólidos terminam.

Então, o que é verdade e o que é mito? Olhe-se por um momento ao espelho. O que vê? Um rosto: nariz, olhos e boca. É uma realidade? Claro que sim. Mas será que você é apenas isso? Caso ache que você é apenas um conjunto de partes do seu corpo, isso é um mito, pois existe mais de você do que apenas o seu corpo. A verdade é que você é um organismo complexo e que sua maior parte não está visível. Contudo, o seu corpo é o envoltório que você mostra ao mundo. É por isso que se sente mal quando alguém diz que seu nariz é grande demais. Seu corpo representa tudo de você, tanto o tangível quanto o intangível.

A Estratégia #1 diz que você tem que aprender a diferenciar o tangível do intangível, os mitos da verdade. Se você não enfrentar os mitos que encontra durante a vida irá reforçá-los. É assim que os mitos se incorporam na trama da nossa existência diária (lembre-se do antigo provérbio "Diga uma mentira vezes bastantes e ela se tornará uma verdade"). E quanto mais comuns esses mitos se tornam, mais verdadeiros parecem. Esta simples premissa é a base da nossa primeira estratégia.

Aqui está um exemplo. Havia um famoso jogador de beisebol que era adorado por milhões de fãs e tinha em seu histórico esportivo um número astronômico de rebatidas perfeitas. Ele assinara um contrato de muitos anos e de muitos milhões de dólares. Enfim, era o ídolo da cidade. Mas sua vida nem sempre havia sido abençoada pelo sucesso. Na juventude, ele sofrera bastante por falta de autoconfiança, apesar de ter muitos talentos. Um dia, conheceu uma jovem que o admirava à distância havia muito tempo. Ela lhe deu de presente uma corrente com um medalhão e pediu-lhe que o pusesse no pescoço, para ter sorte. O primeiro jogo do qual ele participou usando o medalhão foi o melhor da sua vida. Ele e a moça passaram a encontrar-se regularmente e ela não tardou a pedir-lhe que usasse o medalhão de novo. Ele assim o fez e de novo atuou no jogo de maneira espetacular. Tornou-se um astro do beisebol e passou a confiar em si, ao mesmo tempo que acreditava implicitamente no poder do medalhão. Em sua mente usá-lo significava vencer. Essa crença foi reforçada por vitórias subseqüentes e tornou-se uma obsessão tão forte que ele jamais entrou em campo sem o medalhão.

Será que o medalhão melhorou seu modo de jogar?

A resposta é sim, o medalhão melhorou sua atuação, mas não por ser um amuleto com poderes mágicos. Não. A corrente com o medalhão fez o desempenho do jogador melhorar porque ele acreditou — uma convicção proveniente da experiência repetida — que, mais do que o talento, a jóia era a chave do seu sucesso. Ele teria uma atuação brilhante se jogasse sem o medalhão? A resposta é não, pelo menos enquanto ele continuasse a acreditar no poder da jóia. Se ele perdesse o medalhão sua carreira chegaria ao fim? Talvez. Nosso jogador colocou seu destino nas mãos de uma ilusão em vez de colocá-lo nas mãos da realidade, no fato de que ele era um talentoso jogador de beisebol.

Um episódio da série televisiva *Cheers* nos dá outro exemplo. Sam Malone, o dono do bar onde a série é filmada, lançador aposentado de famoso time de beisebol, é um alcoólatra recuperado. Num episódio tocante, um lançador que está caminhando para o fracasso pega emprestada a tampinha de cerveja da sorte de Sam. Como sua atuação em campo melhora milagrosamente ele se recusa a devolvê-la. Sam entra em pânico: aquela é a tampinha da última garrafa de cerveja que ele bebera. Ele se agita, cria caso e choraminga porque, como o rebatedor do medalhão, acredita que a tampinha de cerveja é um talismã, a única coisa que o impede de voltar a beber. Sem ela, tem certeza de que voltará ao vício. No fim do episódio, Sam olha fixamente uma garrafa de cerveja, com a mão sobre a tampinha. Abre a garrafa e a segura numa das mãos, tendo a tampinha, na outra. Esse é o momento da verdade para Sam e ele compreende que precisa é de outra tampinha, e não da garrafa e da cerveja que ela contém. O que Sam faz com aquela tampinha é o que todos nós devemos fazer com as coisas que aceitamos como verdades absolutas: avaliá-las, fazendo perguntas implacáveis a nós mesmos, e jogá-las fora.

Esse é o princípio-guia do nosso sistema legal, de acordo com o qual para condenar alguém é preciso provar a culpa do acusado sem que reste nenhuma dúvida razoável.

O trabalho do advogado de defesa é observar a evidência do crime e interpretá-la de maneira favorável para o seu cliente. Por outro lado, o trabalho do promotor é reunir evidências suficientes para provar que o acusado não cometeu o crime. O advogado de defesa e o promotor olham para o mesmo quadro, para o mesmo crime, para as mesmas circunstâncias e até para a mesma "verdade". Porém, onde o promotor vê culpa, o advogado de defesa poderá encontrar uma dúvida razoável. Cada um deles olha para a mesma história por perspectivas diferentes. Esse exemplo demonstra como as intenções de uma pessoa podem alterar sua interpretação dos fatos.

Eis outro exemplo. A Associação Canadense de Diabete comunicou recentemente que 80% das pessoas que desenvolveram o diabete já na meia-idade sofrem também de obesidade. Excesso de comida e estresse geralmente pioram os sintomas dessa doença a ponto de torná-la fatal. As pessoas que sofrem desse mal e sabem disso se dispõem a fazer uma análise dos seus hábitos diários, principalmente dos hábitos alimentares. Comumente essa análise é seguida por um quase ritual de pesagem da mínima porção de alimento consumido. Cada ingrediente de cada alimento é examinado cuidadosamente. Ninguém quer que sua doença piore e, portanto, todos fazem tudo o que podem para sobreviver — isto é bom senso.

Contudo, na maioria dos casos, depois de um curto período de obediência a esse regime acontece uma coisa estranha. Muitos pacientes diabéticos começam a sair da linha, cedendo ao impulso de saciar seus desejos alimentares. Dizem "Vou comer isto agora e desconto depois" ou "Bem que posso trapacear um pouquinho, afinal venho obedecendo o regime há tanto tempo!". Uma trapaça leva a outra, claro, e logo a pessoa está de volta aos velhos hábitos e de novo no grupo dos 80% dos diabéticos obesos.

Por que acontece essa mudança nos hábitos? A resposta reside no fato de que talvez se atribua uma importância exagerada a certos benefícios secundários, como, por exemplo, o caso do diabético que pode preocupar-se com a perda de uma atividade (comer) que está relacionada com muitos acontecimentos sociais e culturais. "Se eu mudar meus hábitos alimentares", diz a si mesmo, "não terei como ficar em companhia dos meus amigos". Deste modo, a necessidade de o diabético perder peso entra em conflito com outra necessidade e, quanto mais as intenções e os hábitos forem enraizados, mais o conflito interior impede que a pessoa use seu bom senso. É por isso também que os fumantes, para dar outro exemplo, continuam a fumar apesar da indiscutível evidência de que o fumo está associado a sérios riscos de saúde. Muitos de nós jamais enxergam isso.

De onde vem esse conflito? Bem, em geral ele surge quando nosso comportamento se baseia em informações não verdadeiras. ("Toda história tem três lados", diz um ditado, "o meu, o seu e o verdadeiro".) Claro, nem sempre é fácil determinar quando uma informação é verdadeira e quando não é, em parte porque toda situação tem mais do que uma interpretação. Por exemplo, as Montanhas Rochosas são uma das maiores maravilhas do mundo? Ou são um lugar que apresenta perigo, onde avalanches podem destruir e matar? Quando mudamos nosso modo de pensar ao educar nossos filhos, será que eles vêem nesse fato flexibilidade e desejo de compreendê-los ou vêem inconsistência, o que é um mau precedente? Esses são exemplos de uma mesma afirmação que resulta em diferentes interpretações. Então, qual das respostas é a verdadeira?

Muitas vezes a verdade real de uma situação é apenas intuída, percebida confusamente, como que "através de um espelho". É por isso que quando nos vemos diante de uma afirmativa duvidosa, antes de agir temos que olhar todos os lados da informação (especialmente se houver qualquer proveito secundário). Infelizmente, quando não conseguimos ver abaixo da superfície, aceitando apenas parte da verdade, limitamos nossas possibilidades e nosso progresso.

A Lição de Copérnico

Isso nos leva ao lado de baixo desta estratégia: os riscos. Quando você começa a questionar crenças comumente estabelecidas arrisca-se a ignorar uma valiosa sabedoria convencional. E muitas vezes poderá tornar-se vítima de desprezo pessoal e até mesmo de agressões físicas.

No começo do século XVI o astrônomo Nicolau Copérnico virou o mundo científico de pernas para o ar. Até aquele momento havia prevalecido a teoria do universo geocêntrico de Ptolomeu. Copérnico alterou tudo anunciando que o universo era, de fato, heliocêntrico — isto é, que todos os astros e planetas giravam em redor do Sol. De repente a Terra tornou-se nada mais nada menos do que um planeta girando ao redor de uma bola de fogo. A teoria de Copérnico abalava dois mil anos de tradição científica e usava a matemática para provar que todos estavam errados. O modelo heliocêntrico explicava com sucesso irregularidades astronômicas, e hoje em dia é uma verdade absoluta. Mas Copérnico arriscou-se ao ridículo, ao ostracismo e até mesmo à morte para divulgá-lo.

O que podemos aprender com Copérnico? Ele foi capaz de olhar a mesma evidência reconhecida por todos e chegar a conclusões diferentes — conclusões que resistiram ao teste do tempo. Mas ele fez isso assumindo sérios riscos pessoais. E, quem sabe, talvez um dia suas idéias sejam vistas como primitivas pelas futuras gerações, do mesmo modo que a geração dele viu as idéias de Ptolomeu.

Através dos séculos outros também enfrentaram a tempestade de desafiar o pensamento tradicional. Cristóvão Colombo, sir Isaac Newton, Charles Darwin, Albert Einstein, Pablo Picasso, Wolfgang Amadeus Mozart foram alguns deles. O poeta Percy Bysshe Shelley declarou que o "pensamento criativo deriva da ligação dos conceitos de sempre com observações inéditas ou desusadas". O autor Edward de Bono denomina isto de "pensamento lateral". Em seu livro *Serious Criativity,* de Bono diz que o pensamento lateral é "muito ligado com possibilidades e com o que pode ser". Quando pensamos lateralmente estamos procurando respostas diferentes. "Neste sentido", continua de Bono, "o pensamento lateral tem a ver com pesquisa". Ou seja, é preciso sempre fazer as perguntas certas e conseguir as respostas certas para que se possa ser capaz de diferenciar entre a verdade e o mito.

A incapacidade que temos de fazer as perguntas certas criou muitos dos maiores problemas do nosso planeta — contaminação da água, do ar e do solo; perda de espécies animais; desflorestamento; o efeito estufa; buracos na camada de ozônio e o acúmulo de lixo tóxico. No decorrer da década de 1930, por exemplo, introduzimos os clorofluorcarbonos (CFC) para ajudar na refrigeração. Isso foi visto como grande avanço e o mundo passou a usar os CFCs indiscriminadamente sem que ninguém perguntasse — ou percebesse a possibilidade — do perigo que esses elementos representavam para a camada de ozônio da atmosfera. Durante o tempo em que o problema permaneceu ignorado foram causados consideráveis danos. E, como acontece com muitos dos problemas ecológicos mundiais, as conseqüências foram devastadoras. No entanto, se tivéssemos no mínimo feito perguntas de bom senso teríamos evitado muitos desses problemas.

Lembre-se do nosso credo: nada é absoluto. Nossa prioridade é tentar ver todos os lados de uma mesma situação. Isto significa fazer as perguntas certas e avaliar os detalhes, sempre que o nosso costume entre em conflito com as nossas intenções, e reconhecer o caminho a seguir. É preciso que você aceite esse princípio antes de compreender e utilizar as demais estratégias ensinadas neste livro.

Claro, pode acontecer que esta estratégia pareça contraditória. Quero dizer, há algumas coisas que sabemos que são verdades indiscutíveis, não? Como, por exemplo: se você permanecer durante muito tempo sob água irá se afogar; caso você salte de um avião sem pára-quedas, irá morrer; se algo muito quente encostar na sua pele, você irá se queimar. Nossa noção é de que essas afirmações são seguramente absolutas e, portanto, a estratégia deve estar errada. Mas o que dizer das pessoas que sobreviveram a afogamentos, que caíram de e com aviões e viveram para contar a história, que caminharam sobre brasas sem se queimar? Mais uma vez somos obrigados a reconhecer: nada é absoluto.

Muitos professores da primeira metade do século XX ensinaram a seus alunos que a humanidade jamais sairia dos limites da Terra, que já havia sido descoberto tudo o que havia para descobrir, que determinadas doenças eram incuráveis. Se todos os estudantes tivessem aceitado essas afirmativas como verdades indiscutíveis não teriam surgido cientistas e pensadores no nosso tempo. Jamais teria havido os programas espaciais. Nunca teríamos encontrado formas de vida fossilizada em Marte. Não teríamos computadores, Internet e não teriam acontecido novas e importantíssimas descobertas médicas.

Os que afirmam que existe apenas um modo certo para fazer as coisas estão fechando a porta para outras possibilidades. Essas pessoas em geral limitam-se aos seus "deve": "Devo aceitar isto como verdade porque todo mundo afirma" ou "Isto deve ser feito deste modo porque é assim que sempre se fez" ou, ainda, "Devo aceitar minha invalidez porque os médicos me disseram que jamais há melhoras quando se está nas minhas condições". Essas afirmativas imobilizam poderosamente a nossa criatividade, nossa compreensão, nossa determinação de vencer onde os demais fracassaram. Você precisa evitá-las a todo custo. Assim, adote esta primeira estratégia: tenha dúvidas, explore novos mistérios e encontre novos caminhos para colocar o bom senso na sua vida.

Compreendendo a Estratégia #1

1. Preste atenção à palavra "deve". Tenha sempre um livrinho para anotações à mão e marque todas as vezes que você a incluir em suas frases.
2. Para cada item da sua lista, pergunte a si mesmo quando o "deve" é verdade ou mito. Considere os riscos e benefícios de ignorar a mensagem dos "deve".
3. Assim que chegar a dez itens na sua lista, procure encontrar uma alternativa para essa crença. Digamos, por exemplo, que sua mensagem de "deve" é esta: "Eu devo ficar acordado até tarde esta noite para terminar este relatório porque não vou ter tempo amanhã no trabalho e ninguém poderá fazê-lo melhor do que eu". Quais são os riscos que você correria se ignorasse essa mensagem? Bom, outra pessoa poderia completar o relatório e talvez não o fizesse tão bem quanto você. Mas quais seriam os benefícios? Você teria tido uma boa noite de sono e estaria em forma para os desafios do dia seguinte. Então, qual

seria uma alternativa adequada para esse seu "deve"? Talvez você pudesse pedir ajuda de alguns colegas, confiando a eles partes do relatório, e depois revisaria e unificaria o trabalho. Desse modo, teria uma boa noite de sono e apresentaria um relatório bem-feito.

4. Se você repetir esses exercícios por alguns dias provavelmente irá concluir que esta primeira estratégia é correta, que *existem* várias maneiras de observar uma mesma situação. Logo você irá começar a perceber que suas habilidades são limitadas apenas pelas suas crença no que é verdadeiro e no que é falso.

Conclusão

Se você chegou até aqui e se convenceu de que a primeira estratégia é capaz de conduzi-lo ao caminho certo, já pode passar para a Estratégia #2.

Estratégia 2

PERMITA QUE SUA CAPACIDADE AMPLIE SEU PONTO DE VISTA

Raramente eu era capaz de ver uma oportunidade antes que ela o deixasse de ser.

— Mark Twain

A primeira estratégia demonstrou que você pode estar limitando a si mesmo ao restringir seu campo de visão. Aprendeu a importância de enxergar além da superfície ao aceitar a noção de que nada é absoluto. De fato, a primeira estratégia ensinou-o a observar os "deve" e a examiná-los para livrar-se do risco que significa ignorá-los. Mas é muito importante não parar por aqui. Se você parar, estará de novo limitando suas opções e, assim, reduzindo suas chances de sucesso. Precisa passar para a lição seguinte a fim de saber procurar, e encontrar, soluções e idéias que não estão aparentes à primeira vista.

Pode acontecer que lhe escape uma solução oculta ou um caminho alternativo para ela. Pode, também, parecer que *não existe* nenhum outro caminho a tomar. Mas você jamais deve desistir. Esta segunda de sete estratégias determina que nada é desconhecido, que nenhuma solução está fora do nosso alcance se tivermos determinação suficiente para ampliar nossos limites e procurar respostas em novos e às vezes inexplorados lugares. Tudo que você precisa saber está em algum lugar, sob alguma forma. É necessário apenas encontrá-lo depois de determinar o que de fato quer. E para fazer isto você tem que recuar um passo e dar uma boa olhada em quem você é e ao seu lugar único no universo.

Cada um de nós é feito de bilhões de células e cada célula contém o código genético completo do corpo inteiro. Cada ser humano é para o universo o que a célula é para cada ser humano. Em outras palavras, a inteira cópia heliográfica do universo está contida em cada um de nós. Como resultado, quando você aprende um novo conceito não está realmente *aprendendo*. Na verdade, está simplesmente recordando o que já sabia. Alguma vez você teve a sensação do *dejà vu*, já passou pelo momento em que deu uma palmada na testa e disse "Oh, eu já sabia isto!". Esse é um fato que geralmente ocorre quando nos defrontamos com um conhecimento que ecoa profundamente no nosso subconsciente.

Provavelmente você irá ter essa sensação ao percorrer as Sete Estratégias do Bom Senso. Sim, porque afinal de contas nenhuma delas é nova. Também irá se surpreender com o efeito que elas produzirão quando aprender a utilizá-las em conjunto. Será como descobrir a combinação secreta que abre o cofre mental que contém toda a sua sabedoria. Tudo o que você precisa é obter o conjunto de algarismos que faz abrir a pesada porta do cofre e para isso é necessário ter a adequada estratégia de bom senso que liberta o conhecimento que existe no seu subconsciente.

Organizar o Caos

Um conceito que parece difícil de as pessoas aceitarem é a noção de que realmente existe uma ordem no universo. Através dos tempos, filósofos lutaram por esta idéia. O Determinismo, uma teoria que preocupou grandes pensadores durante séculos, afirma que cada ação ou acontecimento é determinado por causas alheias à vontade. A Teoria do caos, pode-se contrapor, é a tentativa da ciência para enquadrar o Determinismo num modelo matemático. Segundo essa teoria, pequenos e aparentemente insignificantes acontecimentos às vezes podem desencadear enormes e imprevisíveis conseqüências. De fato, trata-se de uma tentativa para encontrar uma estrutura em acontecimentos casuais e irregulares. Estas teorias, e outras como elas, são tentativas de impor ordem em um mundo que por muito tempo foi visto como desorganizado. No entanto, é muito difícil visualizar o mundo como organizado quando nos encontramos face a face com evidências aparentemente contraditórias: pessoas inocentes são mortas por motoristas embriagados; empresas se expandem num dia e afundam no dia seguinte; algumas pessoas têm tudo enquanto outras vivem sem nada. Qual é a ordem nestas injustiças? Às vezes a vida parece muito injusta.

Bem, o motivo pelo qual tantas vezes não conseguimos ver ordem no mundo é que nos baseamos unicamente naquilo que vemos, ouvimos, cheiramos, degustamos e sentimos. Mas acontece que limitamos a nós mesmos quando interpretamos o mundo apenas por meio dos cinco sentidos.

Como escreveu o filósofo Jean-Jacques Rousseau: "Tudo o que percebemos por meio dos sentidos é matéria".

Os cinco sentidos são ferramentas de interpretação, é claro, mas temos que estar aptos a entender o que transmitem em relação a outros aspectos do mundo ao nosso redor. Há uma experiência que ilustra meu ponto de vista. Coloque três copos lado a lado. Despeje água quente (mas não fervendo) no primeiro, água morna no segundo e fria no terceiro. Enfie um dedo na água quente e permaneça assim por alguns minutos, então retire-o e enfie-o na água morna. A água morna irá parecer-lhe fria. Uns minutos depois retire o dedo e mergulhe-o na água fria e, pouco depois, torne a mergulhá-lo na água morna. Então, ela irá parecer quente.

Essa experiência simples demonstra como é fácil nos enganarmos quando nos baseamos apenas num sentido — neste caso, o sentido do tato — sem levar outros fatores em consideração. Por outro lado, se nada tivermos além dos cinco sentidos para nos orientar, iremos encontrar profunda dificuldade até mesmo para tomar pequenas decisões. Como poderemos saber se de fato a água está quente ou não? Se todas as nossas decisões são limitadas pelos cinco sentidos teremos que concluir que todos os nossos resultados serão igualmente limitados.

A compreensão da vida tem ilimitadas possibilidades dentro da Estratégia #2. Este segundo princípio do bom senso envolve o desenvolvimento de uma visão do mundo que se estende para além dos cinco sentidos.

Prepare-se, agora, para entrar no reino da percepção.

O Sexto Sentido

Você já teve a sensação de estar sob vigilância para em seguida descobrir que, de fato, está sob o olhar insistente de alguém? Alguma vez voltou sua atenção para o telefone uma fração de segundo antes de ele tocar? Como é que sabia que ele estava por tocar? Talvez você tenha classificado esse tipo de sentimento como sexto sentido e, de fato, é isso mesmo que se considera hoje em dia. Tudo começa com um pensamento — um impulso elétrico no cérebro.

Cada um dos avanços da civilização — desde o fogo e a roda até o mapeamento do DNA e a tecnologia de satélites — começou com uma idéia. Albert Einstein, por exemplo, pelo jeito estava tranqüilamente sentado em uma campina pensando na trajetória de um feixe de luz. Deste devaneio nasceu a sua Teoria da Relatividade. Quem sabe Isaac Newton realmente se achasse sentado embaixo de uma macieira e talvez tenha mesmo pensado "Hum, por que isto caiu?".

Num nível básico, Einstein e Newton apenas acreditaram em sua intuição — algo que você também pode fazer. Mas é claro que precisará compreender a sua intuição antes de ter acesso ao seu bom senso e conhecer os segredos da segunda estratégia. Em outras palavras, a intuição é a capacidade de percepção que independe de qualquer processo de raciocínio. Todos temos intuição, só que em graus variáveis. E uma vez que temos essa capacidade podemos estender nossa experiência do mundo além dos cinco sentidos, incluindo este sexto.

Os atores usam a intuição para criar uma ligação com os espectadores. A intuição lhes diz de que modo a platéia está reagindo e até que ponto está envolvida com a peça e os personagens. Um investidor às vezes usa o "instinto" para decidir qual dos investimentos é o mais indicado. Um médico que tenha dedicado sua vida a manter-se em dia com os conhecimentos do seu campo e a exercer a medicina pode em determinadas situações tomar uma decisão e agir conforme o que "sente". É comum os pais apoiarem-se em sua intuição para determinar o que é melhor para seus filhos.

Enquanto a evidência empírica vem do ambiente que nos rodeia, a intuição origina-se simplesmente do âmago, do interior de nossa mente. A intuição é uma certeza gerada interiormente, uma forma de energia que você pode utilizar sempre que precise. Mas se essa energia está sempre ao nosso alcance, o que leva algumas pessoas a perceberem as respostas evidentes só depois do fato ocorrido?

Muitos de nós experimentamos a sensação à qual Mark Twain alude na citação que abre este capítulo. Por quê? A verdade é que apesar de o universo proporcionar grande quantidade de informações nós as ignoramos e até mesmo muitas vezes resistimos a elas. Somos capazes de estar encarando uma solução sem conseguirmos vê-la.

Há a história do ciclista que atravessava uma fronteira internacional todos os dias, carregando um enorme saco nas costas. Todos os dias o fiscal da alfândega parava o homem e verificava o saco, mas nada encontrava de suspeito nele; então, não tinha outra saída senão deixar que o ciclista pedalasse para o outro lado da fronteira. No entanto, o fiscal tinha certeza de que o ciclista estava agindo de modo ilegal. Seu instinto lhe dizia que o homem contrabandeava alguma coisa. Isso continuou a acontecer durante várias semanas e a desconfiança do fiscal aumentava. Sempre deixava o ciclista passar, mas a desconfiança o atormentava. Anos mais tarde, já depois de aposentado, o fiscal encontrou o ciclista num bar. Aproximou-se dele e disse: "Olhe aqui, sei que você andou fazendo contrabando esses anos todos, mas nunca consegui pegá-lo. Todos os dias revistei-o inteiramente e jamais descobri nada de errado. Agora estou aposentado e não posso prejudicá-lo. Por favor, ajude-me a gozar de minha aposentadoria em paz. Você estava mesmo fazendo contrabando?" O ciclista respondeu: "Estava, sim". Com um olhar de satisfação, o ex-fiscal exclamou: "Eu sabia! Mas o que você contrabandeava?" O ciclista tomou um gole do seu café e só então declarou: "Bicicletas. Eu contrabandeava bicicletas".

Por que, como o fiscal da fronteira dessa história, deixamos escapar o óbvio tantas vezes? Por que resistimos a receber a informação que está diante da nossa cara? Bem, pode ser simplesmente pelo fato de o óbvio ser tão óbvio. Quem sabe por ser desagradável ou difícil de encarar. Talvez, como o fiscal de alfândega, nos fixemos demais em detalhes e não vejamos o quadro completo.

Seja como for, você continuará a resistir ao que está evidente enquanto continuar a perceber o mundo apenas através dos cinco sentidos. É preciso aprender a ir além, desenvolvendo e confiando na intuição. Logo você se tornará consciente das limitações de seus cinco sentidos e se surpreenderá com o poder de sua intuição. Lembre-se, a intuição, se bem que impalpável, é tão real quanto todas as outras formas de energia. Intuição é a habilidade de receber a energia universal que nos rodeia.

Por que não escutamos essas verdades? Por que o cientista trabalha a partir da premissa de que nada pode ser aceito como "real" até que seja provado por métodos científicos padronizados? Por que alguns médicos acreditam que o método correto de tratar um paciente é usar apenas a medicina tradicional? Por que alguns pais ignoram os sinais de dor emocional ou de descontentamento em seus filhos, confundindo maus costumes com grosseria ou desrespeito?

A resposta é que cada um tem uma visão diferente do mundo, como se o olhasse através de lentes de cores diferentes, digamos. Alguns se orientam pelos detalhes. Outros vêem o quadro inteiro. Enquanto determinadas pessoas valorizam coisas específicas — trabalho, dinheiro, família ou lazer — outras vêem a si mesmas como parte de uma paisagem maior. De qualquer maneira, a Estratégia #2 obriga-nos a olhar para além das perspectivas pessoais e a desenvolver a confiança na intuição.

Entretanto, isso não quer dizer que todos iremos chegar ao mesmo lugar com as mesmas respostas. Na maior parte das vezes existe mais que uma solução "correta" disponível. Por exemplo, todos sabemos que o caminho mais curto entre dois pontos é uma reta, certo? Pois bem, se isso é tão evidente, por que tanta gente pega caminhos diferentes para chegar ao mesmo lugar? Por que não determinamos, todos, o caminho mais curto sem jamais nos desviarmos dele? Uma das respostas pode ser que os desvios ao longo do caminho sejam mais atraentes (e mais sedutores) do que ir por uma trilha reta e estreita.

Somos todos diferentes uns dos outros e por isso temos que experimentar coisas diferentes, viver vidas diferentes. São essas variações que nos tornam interessantes como indivíduos. Nem sempre chegar a uma determinada resposta é a única finalidade de uma procura. Se fosse, a viagem toda seria sem sentido, a não ser como um meio de chegar ao fim. Como seria triste se isso fosse verdade! Afinal de contas, há mais na vida do que apenas chegar a um destino. Há a excitação e o encanto pelo desconhecido, pelas surpresas que encontramos no caminho. E a busca por essas surpresas começa no momento em que a gente nasce.

A Hierarquia das Necessidades

O começo de nossa vida é fácil. Agimos independentemente do bom senso. Se estivermos molhados, com frio ou com fome, basta chorar até que alguém nos atenda. Confiamos inteiramente no apoio de pais ou de parentes amorosos. Porém, à medida que crescemos e amadurecemos é preciso aprender a ver a vida com nossos próprios olhos, a tomar decisões, a cuidar de nós mesmos. Todos nós estamos constantemente absorvendo e processando informações à nossa maneira única. Mas quando aprendemos novos comportamentos e adquirimos novas habilidades a vida perde essa simplicidade. Camadas de experiência acumulada ao longo do tempo tornam a vida complexa e muitas vezes surpreendente. Às vezes perdem-se os verdadeiros motivos que moldaram nosso comportamento. Esquecemos que a sobrevivência básica reside no âmago de maior parte de nossas ações. Você se Lembra de Maslow e da sua hierarquia de necessidades? Ele acreditava que as necessidades fisiológicas, tais como a fome e a sede, precisam ser satisfeitas antes que necessidades mais elevadas e mais sofisticadas possam surgir.

Se deseja uma prova, olhe um grupo de crianças que brincam. A simplicidade delas é impressionante. Elas levam qualquer brinquedo que você lhes dá à boca. Se precisam aliviar bexiga ou intestino, fazem-no sem se importar com o lugar onde estão. Choram num minuto e riem no seguinte. O que acontecerá amanhã não tem a menor importância.

Claro, alguns de nós achamos difícil colocar nossa fé em algo que não se baseie num fato empírico. Isso pode parecer uma perda de controle. (Abraham Lincoln uma vez disse: "Garanto que jamais controlei os acontecimentos, porém confesso francamente que acontecimentos me controlaram".) É preciso aprender a passar por cima desse mal-estar e confiar na sua "voz íntima", uma voz instintiva, intuitiva, que guiará você no exato momento em que ter um guia é a sua maior necessidade. Mas isso significa aceitar que, não importa o seu grau de inteligência ou percepção, alguns eventos simplesmente não podem ser previstos ou antecipados. Você tem que acreditar que no caos da vida de todos os dias sua voz íntima irá lhe dar a resposta certa no momento certo.

De qualquer modo, nem sempre é fácil lidar com essa voz íntima. Talvez você duvide da validade dela ou esteja num momento de distração por causa do barulho das conversas ao seu redor. E sempre existe o medo de não controlar a voz. Mas aqueles que se orientam pelo que ela indica ficam invariavelmente contentes com os resultados. Se você negar ou ignorar a sua voz íntima serei capaz de apostar que você acabará descobrindo que sempre escolheu o caminho errado. Ao contrário, quando confiar nela vai acertar muito mais vezes que errar. E logo as desvantagens se virarão a seu favor.

Se você está com disposição para aceitar o conceito de uma voz íntima, isso é o bastante por enquanto. Voltaremos a ela nas estratégias #5 e #7.

Compreendendo a Estratégia #2

1. No seu caderninho confiável de anotações descreva, com a maior quantidade de detalhes possível, a ocasião em que seu instinto foi tão forte que você soube imediatamente qual era a decisão certa.
2. Em seguida, procure lembrar-se da vez em que a escolha foi menos evidente. Narre, com detalhes, sua dificuldade em decidir o que fazer.
3. Em seguida compare as duas narrativas. Ao analisar o primeiro exemplo, você consegue determinar exatamente o que lhe deu a certeza do que devia fazer? Considerou alguma outra alternativa ou apenas agiu sem pen-

sar duas vezes? No segundo exemplo, a sua decisão final foi a certa? O que teria acontecido se você houvesse preferido tomar uma atitude diferente? A sua voz íntima ficou o tempo todo lhe dizendo qual era a resposta? Caso sim, por que não aceitou a sugestão para o caminho certo?

Conclusão

Você já conseguiu adiantar-se bastante. Compreendendo e aceitando as duas primeiras estratégias construiu a base que irá fazer com que continue, confiante e abertamente, seu caminho até o fim deste livro. Desse modo, já é possível passar para a estratégia seguinte, que é a primeira das que levarão você à mudança completa.

Estratégia 3

CONHEÇA-SE A SI MESMO

A boa e a má sorte [são] sinônima[s], na grande maioria das circunstâncias, do bom e do mau julgamento.

— John Chatfield

Com a primeira estratégia você aprendeu que *nada* é absoluto. Com a segunda, aprendeu que tudo o que precisa saber já existe. Esses dois princípios estabelecem o cenário para as estratégias seguintes. Nenhum progresso poderá ser conseguido até que você aceite a sabedoria delas. E a estratégia que se segue é a primeira a acrescentar mais bom senso à sua vida.

De muitas maneiras, sua mente é como um computador que filtra e processa as informações recebidas. Como ela funciona? Bem, imagine que chega a uma festa com uma amiga. No dia seguinte uma terceira pessoa pergunta a vocês como foi a festa. Você fala sobre os "comes e bebes" servidos, e do quanto foi divertido. Já a sua amiga fala das pessoas que estavam lá e de como se vestiam. Se bem que vocês tenham estado na mesma festa, falam de coisas completamente diferentes. Os detalhes que interessaram a você também influenciaram seu comportamento na festa. Com certeza, você não gostou muito das companhias e isso estragou em parte o seu prazer, enquanto sua amiga encontrou uma porção de pessoas que aprecia e, assim, teve bons momentos. Vocês foram expostos às mesmas informações e reagiram de modos diferentes. Já imaginou como a vida seria aborrecida se todos sentissem e agissem do mesmo modo?

Agora imagine que sua única perspectiva na vida acha-se localizada em dois eixos complementares. O eixo vertical representa como você filtra as informações que recebe e podemos denominá-lo Escala de Valores e Experiências (VE). O eixo horizontal representa como você processa as informações e podemos denominá-lo Escala de Intelecto e Emoções (IE).

A Escala VE

A Estratégia #2 nos ensina que temos acesso a todas as informações que precisamos. Mas o que acontece depois com essas informações depende de *como* elas são filtradas. Digamos que seu mecânico de confiança diz que os consertos no seu carro vão custar dois mil reais. Você poderá determinar que o serviço seja feito, ou não, mas aceitará a opinião dele. Se, no entanto, a mesma informação viesse de um desconhecido, provavelmente você não acreditaria logo de início e iria a mais duas ou três oficinas mecânicas para comparar preços antes de tomar a decisão. Neste caso, a informação consiste nas más notícias sobre seu carro e o filtro é a confiança em seu mecânico.

Todos os dias somos bombardeados por informações. Aceitamos algumas sem questioná-las e submetemos as outras a um exame mais ou menos profundo. O que você faz quando chega a um banco de jardim que tem o aviso *Tinta fresca*? Algumas pessoas simplesmente não se sentam nele, enquanto outras encostam o dedo com cuidado para ter certeza de que a tinta não está seca. Talvez a tinta já tenha secado ou o aviso tenha sido colocado no banco errado, por engano. Nossa escala VE determina o que faremos e essa escala será específica para cada um de nós.

Vou lhes contar uma história sobre seis cegos e um elefante. Um depois do outro, seis homens cegos tocaram um elefante. O primeiro cego tocou uma das pernas e disse "O elefante é como uma árvore com tronco muito resistente". O segundo tocou o rabo e disse "O elefante é como uma corda". O terceiro tocou a tromba e disse "O elefante é como uma cobra". O quarto tocou uma das orelhas e disse "O elefante é como uma folha". O quinto tocou o enorme flanco do elefante e disse "Este animal é como uma parede". O sexto tocou uma das presas e afirmou que o elefante era como um sabre. Qual dos cegos estava certo? Claro que todos estavam certos, cada qual de acordo com a sua perspectiva. Nesse caso, a informação que receberam foi filtrada pelo sentido do tato.

Na vida somos expostos a um amplo leque de sensações e de idéias que formam a base do nosso ponto de vista. E uma vez adotado esse ponto de vista, em geral temos dificuldade de abrir a mente para considerar outras maneiras de pensar. Pense nos cegos. Como cada um deles poderia convencer os outros que a sua interpretação era a certa? "Quanto mais um homem quer ser verdadeiro", disse Francis Bacon, "mais ele acredita". Acreditamos com maior facilidade no que dá certo com nosso ponto de vista. Filtramos a informação do mesmo modo que um coador de café deixa a água passar pelo pó: ficando com o que queremos e deixando o resto de lado.

Então, de que modo o nosso sistema de valores entra em cena? Digamos que você está precisando desesperadamente de dinheiro e que alguém lhe sugere que assalte um banco para consegui-lo. O que você faria? Com toda certeza, diria não. Quem acredita num alto valor ético e possui um alto grau de integridade pessoal jamais aceitaria a idéia de assaltar um banco.

Mas vamos supor por um minuto que sua educação foi dada por alguém que, se bem que gostasse muito de você, era um ladrão profissional, com seu sistema de valores baseado em conseguir o máximo possível, por qualquer meio que tivesse à sua disposição. Para uma pessoa assim, a perspectiva de burlar a lei não significaria um dilema moral. Uma criança educada nesse ambiente teria algum problema em assaltar um banco quando se tornasse adulta?

Em cada uma dessas situações a decisão tomada dependeria apenas de valores pessoais. Os valores são incutidos em nós por nossos pais (não furte, tire notas boas, trate bem os seus irmãos); pela sociedade (não agrida seu vizinho, obedeça às leis, não dirija em alta velocidade) e por organizações religiosas (vá à igreja regularmente, trate os outros como você quer ser tratado). Os valores tornam-se forças guias que acionam as decisões que tomamos e podem nos ajudar a ver sentido num mundo que, de outro modo, seria confuso. Mas quando pessoas com grande força de vontade e valores opostos se encontram surgem conflitos.

Um caso que ilustra bem esse tipo de conflito é o da pena de morte. Algumas pessoas consideram odiosa a idéia de executar alguém. Outras consideram justa a lei do olho por olho, dente por dente. Quem está certo? Esse tipo de decisão vem mantendo os governos indecisos há anos. E seja qual for a decisão tomada, um grupo ficará decepcionado e zangado. Idealmente, o bom senso pode ser empregado para resolver esses tipos de dilemas.

O programa de Redução dos Riscos do Tráfego em todos os lugares é um excelente exemplo. Esse programa (RIDE em inglês, *Reduce Impaired Driving Everywhere*), que se originou em Ontário, EUA, foi criado para diminuir os acidentes de tráfego causados por negligência no volante. Ele dá à polícia o poder de exigir que os motoristas parem, aleatoriamente, para verificação de documentos e de dosagem alcoólica no sangue, no caso de suspeita de o motorista estar dirigindo embriagado. Esse programa foi um imediato sucesso e os acidentes de tráfego causados por negligência no volante diminuíram consideravelmente. Mas muita gente reclamou. A polícia poderia utilizar esse poder de maneira errada? Seria esse um primeiro passo para um estado totalitário? Rapidamente os que viam o programa RIDE por um prisma absolutamente positivo achavam-se nos tribunais com posição contrária aos que defendiam a liberdade pessoal. Felizmente as leis canadenses partem da premissa de que a liberdade pessoal não é absoluta. "Numa sociedade livre e democrática", reza a lei, "em determinadas ocasiões os benefícios se superpõem aos efeitos deletérios". Um grande exemplo de bom senso.

Esta lei aplica um rigoroso teste para determinar o fato e se a ação para controlá-lo oferece à sociedade um benefício maior do que a liberdade pessoal cerceada. O teste baseia-se em uma firme observação dos valores considerados como os mais importantes pelos cidadãos canadenses (no caso).

Ao contrário dos valores que (como vimos) são impostos, a experiência — outra metade da escala VE — é adquirida. Ela vem trazida pelas pessoas com as quais você se relaciona, pelos estudos, pelas atividades que desempenha, pelas viagens, por seu passatempo favorito. Todos estes itens podem afetar nossa vida. Eis um exemplo. Uma conhecida minha ficou profundamente abalada pela morte de uma amiga que, deprimida, cometera suicídio saltando diante do metrô. Ela deixara os dois filhos e seus muito apegados amigos chocados e tristes. A minha conhecida principalmente não conseguia compreender e aceitar a violência daquela atitude que a fez compreender que sua amiga devia estar sofrendo demais e que estava muito mais angustiada do que qualquer pessoa imaginava.

Pois bem, essa minha conhecida ficou tão afetada da morte da amiga que começou a se modificar. Logo depois, ao encontrar uma senhora idosa carregando alguns pacotes, parou e ofereceu-se para ajudar. Um ato de violência e uma tragédia a haviam tornado mais sensível, mais carinhosa, enfim, alguém mais consciente das privações e de suas conseqüências. Que lição podemos tirar desse fato? Estamos todos interligados e qualquer ação tem a possibilidade de mudar nossa vida, tornando-nos mais amadurecidos.

Vamos considerar outro exemplo de como as experiências de uma pessoa podem influir em seu comportamento. Um presidiário deveria com a detenção adquirir uma inibição de seus impulsos criminosos e ser desencorajado de cometer outros crimes no futuro. No entanto, o "depósito" de criminosos produz um efeito muito diferente. A vida numa prisão é dura e os criminosos novatos precisam aprender depressa a usar suas habilidades agressivas para sobreviver. Não é difícil perceber como os anos na cadeia tornam difícil para eles ajustar-se de novo à vida fora dos muros do presídio, numa sociedade em que violência e crime não são tolerados.

A nossa vida é afetada por todas as experiências que temos. No instante em que uma experiência ocorre, passamos por uma espécie de modificação interior, talvez na disposição de ânimo, talvez na percepção do mundo ao nosso redor.

Portanto, se nossos valores estão numa extremidade da escala VE e nossas experiências na outra, todas as pessoas que forem expostas a valores e experiências similares deverão agir de maneira similar, não? Adivinhe! Irmãos não têm a mesma natureza, apesar de serem criados sob as mesmas regras, com os mesmos valores, no mesmo ambiente e pelos mesmos pais: diferem no modo de interpretar esses valores e as experiências comuns. É por isso que ninguém pode predizer com exatidão como uma pessoa vai ser.

Assim, acabamos de aprender que as informações que recebemos podem ser as mesmas, no entanto cada um de nós as filtra de acordo com a própria escala VE. Este é um bom primeiro degrau. Porém, há algo mais na Estratégia #3 do que apenas valores e experiências.

A Escala IE

Do outro lado da equação está a Escala do Intelecto e das Emoções (IE). Se a escala VE é o filtro — quer dizer, a maneira como julgamos a informação que recebemos —, a escala IE é o processo pelo qual as ações são analisadas. Ela representa o modo pelo qual lidamos com cada informação a que somos expostos. E, mais uma vez, fazemos isso de maneiras diferentes.

Cada uma das decisões que você toma deriva de um ponto de vista totalmente pessoal e com o uso de diferentes conhecimentos e experiências. Muitas das suas decisões importantes — comprar uma casa, aceitar um emprego, escolher sua esposa (seu esposo) ou decidir ter filhos — têm igualmente amplas implicações com o restante da sua vida, com situações que lhe deram informações diferentes.

Como as pessoas decidem de que maneira comprar? Bem, se você quer e pode gastar a importância que custa um DVD, provavelmente percorrerá várias lojas, fará comparação de preços, avaliará todas as informações obtidas e decidirá. Mas quando se trata de comprar uma casa — provavelmente o maior investimento feito pela maioria das pessoas — em geral toma-se a decisão com base apenas na emoção. No entanto, a casa que você escolher pode apenas *parecer* a certa, se observada apenas sob o prisma da emoção e sem o uso do intelecto. A grande, apesar de simples, vantagem da escala IE é que toda decisão que tomamos pode ser localizada em qualquer lugar entre o emocional e o intelectual.

Há momentos em que você terá impressão de estar agindo mais próximo do ponto intelectual do que do emocional. A mesma coisa acontece na escala VE, na qual às vezes você se deixará guiar mais pela experiência do que pelos valores. O ponto em que você toma a decisão irá variar dependendo da situação. O importante é que você utilize essas duas escalas como guias para compreender *como* reage. Uma vez isto feito, você terá dado um passo gigantesco em direção à interpretação e compreensão do bom senso. Utilizar estas habilidades é o segundo passo.

O Caminho Intermediário Quase Sempre É o Melhor

É preciso ficar claro que o verdadeiro bom senso envolve uma combinação de todas as forças que nos guiam. Valores e experiências são extremamente importantes, mas o intelecto e as emoções também o são. No nosso mapa, o ponto ideal é o que se localiza no centro. Esse é o ponto mais eficiente e do melhor amadurecimento dos fatores que influenciam nossas decisões e ações. Assim, a sua finalidade será descobrir como chegar até o mais perto possível do centro.

Faça a seguinte experiência. Da próxima vez que surgir um conflito entre você e sua esposa ou companheiro, pare e pense. Onde cada um de vocês se encontra na escala do conhecimento? Antes que você possa chegar a uma solução equilibrada, à solução que faz sentido para *vocês dois*, terá de haver uma troca: ambos terão que dar e receber. A essência da Estratégia #3 é o simples reconhecimento dos compromissos necessários. Se cada um de vocês movimentar-se para o centro fazendo as perguntas certas, a solução correta aparecerá logo.

A primeira estratégia mostrou a você a importância de fazer as perguntas certas. Vamos ver agora que essas perguntas devem conter informações suficientes para mostrar como nos localizarmos mais próximos ao centro. Eis alguns exemplos:

- Isso aqui me lembra alguma coisa que já ouvi?
- Quais são os riscos de ignorar essa informação e as recompensas de agir de acordo com elas?

- Essa informação é verdadeira ou falsa?
- Como devo me sentir a respeito disso?

Quando você estiver utilizando esse processo de perguntas, procure evitar a "paralisia por análise". Não fique verificando os detalhes até a exaustão. Por enquanto, é o bastante compreender as escalas VE e IE. Tentar olhar além desses pontos só causará confusão.

Vamos dar uma revisada no que aprendemos até agora. Primeiro, você aprendeu que nada é absoluto, que tudo na vida pode ser questionado. Depois, aprendeu que existe uma resposta para todas as coisas, que todas as informações que precisamos estão à nossa disposição e são acessíveis — basta saber procurá-las. E, agora, com a Estratégia #3, você vai dedicar algum tempo para analisar o que fazer quando estiver processando e filtrando uma informação.

Compreendendo a Estratégia #3

1. Pense em sua última compra. Em que ponto das escalas VE e IE você se encontrava quando decidiu fazer a compra? Sua decisão de comprar teria sido diferente se estivesse em um outro ponto das escalas?
2. Se a compra que você considerou no passo 1 era pequena, repita o processo com uma compra grande (um carro ou uma casa, por exemplo). Compare suas respostas para as compras grande e pequena. O que nas escalas VE e IE difere na compra grande e na pequena?

3. Agora, repita o exercício com uma decisão mais abstrata. Por exemplo, pergunte a si mesmo o que influenciou na escolha do seu atual trabalho. Sua decisão teria sido diferente se você se encontrasse em pontos diversos das escalas VE e IE?

Conclusão

Bem, você está a caminho de incluir mais bom senso na sua vida. Recebeu algumas novas informações com as quais será capaz de alterar sua existência, mas isso não basta. Sua próxima tarefa é transformar essas informações em conhecimento.

Estratégia 4

TRANSFORME A INFORMAÇÃO EM CONHECIMENTO

Onde está o conhecimento que perdemos na informação?

— T. S. Eliot, "*The Rock*"

Agora sabemos que tudo na vida pode ser questionado e que todas as informações de que precisamos estão diante de nós, esperando para serem filtradas e processadas. Se bem que Albert Einstein tenha o crédito de autor da Teoria da Relatividade e Thomas Edison o crédito de ter inventado a lâmpada elétrica, podemos argumentar que esses homens simplesmente sabiam como processar informações já existentes para dar origem a um novo resultado. Não se trata de mágica, uma vez que todos nós temos habilidade para encontrar a informação da qual precisamos. Essa foi a lição que recebemos nas primeiras três estratégias.

Mas às vezes apenas a informação não é o bastante. Se você tivesse um manual que ensina a fazer um computador, conseguiria fazê-lo? A maior parte de nós consideraria essa tarefa impossível. E daí surge uma importante pergunta: de que serve uma informação que não conseguimos utilizar? O verdadeiro desafio reside em transformar a informação em conhecimento, e é disto que trata a nossa quarta estratégia.

Para compreender como esta nova estratégia funciona, pense numa simples lâmpada elétrica. Se os pólos positivo e negativo estiverem diretamente conectados entre si a lâmpada permanecerá apagada. Uma resistência em forma de filamento é usada para separar essas forças negativa e positiva de maneira que a lâmpada possa gerar luz. Agora, pense na corrente elétrica como uma informação e na lâmpada como elemento para o efetivo uso dessa informação (isto é, como conhecimento). A resistência, nesse caso, é o elo entre informação e conhecimento. Sem esse elo teríamos duas forças de energia que nada produziriam. Todos os dias precisamos do equivalente a essa resistência que nos ajude a transformar a informação que recebemos em conhecimento.

O processo de transformar informação em conhecimento difere em cada um de nós. Interpretamos a informação através das nossas "resistências" de modos que variam surpreendentemente. Para ilustrar esta afirmativa, vamos utilizar a brincadeira do Telefone Sem Fio. Nesta brincadeira um grupo de pessoas senta-se em círculo, uma pessoa transmite uma mensagem, em voz baixa, no ouvido da seguinte, que a transmite à sua vizinha, esta à pessoa a seu lado e assim por diante. Quando a mensagem chega à pessoa que a criou, geralmente está irreconhecível. Seria apenas por deficiência auditiva ou a mensagem muda porque cada um a filtrou de modo diferente?

Eis outro exemplo. Num dia lindo, um rapaz e uma moça passeiam num parque. O sol brilha e um par de esquilos corre pela alameda, um querendo ultrapassar o outro para pegar primeiro a próxima noz. O rapaz segura a mão da moça e sorri. À distância, os pais de cada um deles observam a cena.

Agora, imagine o que cada personagem do nosso quadro está pensando. A moça pensa em como é romântico um passeio no parque. O rapaz está surpreso porque ela o deixou pegar sua mão e imagina se devia tentar um beijo. O pai do rapaz está orgulhoso da intimidade que seu filho tem com a moça. O pai da moça sente impulso de protegê-la. A mãe do rapaz está um tanto triste por perder seu filho para outra mulher. E a mãe da moça imagina sua filha como uma noiva lindíssima. Cada um deles tem sua própria interpretação (às vezes conflitante) do mesmo acontecimento.

Se bem que nossa interpretação dos fatos possa variar, somos todos guiados pelos mesmos princípios-guias. Nossa resistência ao bom senso nasce de uma falta de compreensão dos princípios pelos quais tomamos as decisões de todos os dias. Esses princípios formam a essência do nosso ser e agem como um leme, dirigindo-nos pelo nosso mar de possibilidades. Uma vez que esses princípios sejam compreendidos e adotados, desaparece a nossa resistência ao bom senso.

Três princípios — determinação, compromisso e força interior — são a base do caráter. Uma vez que tenhamos uma idéia definida de como esses princípios nos afetam, nossa vida será definida de um modo que jamais imaginamos. Seremos compelidos a fazer o que acreditamos ser direito. Não poderemos tomar nenhuma decisão que seja contrária aos nossos princípios.

Vamos considerar um princípio de cada vez.

Determinação

O primeiro princípio-guia é a *determinação*. Trata-se da consciência de quem você é e para onde quer ir. Muita gente jamais desenvolve o conhecimento de si mesmo e fica vagueando pela vida sem direção ou propósito. Por quê? Bem, simplesmente há pessoas que não se dão ao trabalho — ou talvez não saibam como fazê-lo — de dar um passo atrás, observar, pensar e criar um plano para suas vidas a longo prazo. Na maioria das vezes as pessoas preferem — por negligência ou de propósito — deixar seu destino nas mãos dos outros em vez de assumir pessoalmente o controle da própria existência.

Mas como criar um plano de vida se tudo ao nosso redor está constantemente mudando? Empresas se encolhem e você nunca sabe o que vai acontecer com o seu emprego ou se vai continuar a ter emprego. Seus filhos crescem com uma rapidez incrível e talvez você sinta necessidade de redimensionar o relacionamento com sua mulher (seu marido). A tecnologia modifica-se tão rapidamente que você não consegue acompanhá-la. O que fazer? O que poderia realizar a longo prazo? Qual é o valor de planejar a realização de algo quando não há garantias?

Conheço um homem que planejou cuidadosamente a sua vida. Mas ele sabia que todos os seus planos e sonhos seriam inúteis sem uma boa saúde. Então, adotou um estilo de vida saudável, alimentando-se racionalmente e fazendo exercícios cinco ou seis vezes por semana. Estava em excelente forma, forte, e quando sofreu um ataque cardíaco fatal, aos quarenta e oito anos, chocou a todos os amigos. Parecia que ele havia planejado em vão, que desperdiçara tudo, tempo e energia. Mas os que eram mais próximos a ele tinham certeza de que esse homem jamais viveria de outro jeito. Viveu intensa e completamente cada dia dos quarenta e oito anos de sua existência e não desperdiçou nem um momento sequer. Poucos de nós podemos dizer o mesmo.

Com determinação você pode controlar o seu destino em vez de deixá-lo nas mãos dos outros. Mas, como meu amigo descobriu, não há garantias. Se o seu propósito é obter coisas materiais e nada mais, irá mesmo perder seu tempo. Não temos controle sobre as perdas causadas por guerras, incêndios, inundações e outros atos de Deus. Até mesmo a perda do emprego ou um divórcio poderá arrasar facilmente as suas posses — e os seus sonhos.

Mas se você assumir o controle da sua vida terá seu destino em suas mãos, pelo menos de certa maneira. O general Douglas MacArthur disse certa vez "Não existe segurança na Terra, apenas oportunidade". Você precisa aprender a aproveitar ao máximo as oportunidades que se apresentarem.

Claro, tem também que haver realismo nos seus planos a longo prazo. Não adianta planejar tornar-se um grande dançarino se você não tem tipo físico para isso. Muitos jovens, ao ler *The Fountainhead*, de Ayn Rand, sonham estudar arquitetura, em desenhar edifícios que definam a própria civilização... Bem, neste caso ajudará muito ter inclinação para desenho! Os sonhos em si não bastam.

Às vezes, definir o que você quer realizar provoca indagações difíceis. Há vida depois da morte? Deus existe? O que o universo reserva para mim? Como posso contribuir para melhorar o mundo? A não ser que nos façamos estas perguntas jamais encontraremos nossa verdadeira finalidade e o bom senso continuará evasivo. E nós o ignoraremos, para prejuízo nosso.

Um conhecido meu teve coragem de fazer essas perguntas a si mesmo. Depois de uma profunda pesquisa da própria alma, ele desenvolveu uma missão pessoal. "Minha finalidade na vida é ser um *provedor de oportunidades*", decidiu. "Tenho orgulho de ser capaz de ajudar meus empregados e suas famílias a encontrarem soluções inteligentes e criativas. Mereço algum crédito nisso porque acho que tenho um verdadeiro dom de criar um ambiente no qual as pessoas progridem, crescem. Isso é muito útil para o meu bom desempenho nos papéis de pai, patrão e amigo. Até que eu assumisse o título de *provedor de oportunidades* esses papéis não estavam bem definidos para mim. Agora vejo um significado real em cada papel que desempenho na vida.

"Sempre foi claro para mim o que era preciso para ser um bom pai. Porém, quanto mais eu aprendia mais tinha para aprender... Acrescentando o papel de provedor de oportunidades tornei-me apto a definir mais claramente o tipo de pai que eu queria ser... E ainda o sou para meus filhos, mas quando têm problemas, em vez de resolvê-los por eles faço-lhes perguntas de modo a ajudá-los a encontrar as próprias soluções. Cada desafio que eles enfrentam torna-se uma oportunidade para mim de fazê-los desenvolver as habilidades que precisam para dirigir suas vidas... Como um *provedor de oportunidades* vivo procurando maneiras de utilizar meu talento para dar aos outros a chance de desenvolver suas próprias habilidades."

Muita gente passa a vida aceitando tudo o que se apresenta sem dar nem mesmo um pouquinho em troca. No entanto, somente os que recebem e dão completam o circuito da energia universal. Estas pessoas tendem a levar vidas mais completas, mais gratificantes. O segredo de fazer a energia universal trabalhar para você é dar *mais* do que recebe. Definir as suas finalidades lhe dará as ferramentas de que necessita para completar o circuito universal, como aconteceu com o nosso *provedor de oportunidades*. Mas definir e determinar o que queremos exige tempo, energia e vontade de vencer. Significa examinar e reconhecer todas as nossas forças e fraquezas, falar com as pessoas e realmente ouvir o que elas têm a dizer. Parte desta pesquisa envolve também ouvir sua voz interior, a voz que se tornou conhecida para você na Estratégia #2.

Compromisso

O segundo princípio-guia é o compromisso. O senso de realização, ou seja, o de alcançar o que nos propomos, nos leva a assumir certas obrigações. E, a menos que você pretenda viver no isolamento de uma caverna, seu senso de compromisso sempre irá afetar os demais. Uma vez tendo definido quem é você, começará a viver de determinada maneira. As pessoas passarão a esperar de você determinados hábitos e atitudes. Estes hábitos e atitudes são padrões implícitos no papel escolhido e não podem ser negados. Haverá momentos em que mantê-los se tornará difícil e você terá a tentação de abandoná-los. Para combater essa tentação precisará assumir o compromisso de viver todos os dias de acordo com esses padrões.

Infelizmente há incontáveis histórias de pessoas que não vivem de acordo com os padrões do papel que escolheram: sacerdotes, policiais, juízes, médicos, professores e assim por diante. O sacerdote que trai uma confissão, o policial que persegue inocentes, o juiz que emite sentenças sem misericórdia, o médico que entra por perigosos atalhos, o professor que abusa da sua autoridade... todos estão evidentemente falhando com os próprios compromissos e, assim fazendo, falham com todos os que os rodeiam. A menos que você tenha disposição para assumir um compromisso com firmeza, a aceitar as obrigações inerentes ao papel escolhido, será impossível desempenhá-lo.

Tenho um amigo que era viciado em trabalho. Ray vivia preocupado apenas com sua profissão, muitas vezes excluindo familiares e amigos do seu convívio. Então ele teve câncer. Esse contato quase direto com a morte levou-o a reavaliar sua vida e reordenar suas prioridades. Ray decidiu, então, que seria uma pessoa mais feliz, mais realizada, se desse menos importância ao trabalho e mais às pessoas ao seu redor.

Um dia, Ray estava atrasado para um encontro de trabalho. Indo para o local viu um sem-teto que parecia estar mal. O antigo Ray teria ignorado o homem e continuado seu caminho: chegar ao encontro na hora era antes a prioridade absoluta dele. Porém o novo Ray parou e socorreu o homem, chamando socorro pelo celular. Ele sabia que faltar àquele encontro poderia causar-lhe a perda de um bom negócio, mas também estava consciente de que dera nova definição ao seu papel na vida e que nesse novo papel tinha entre suas obrigações colocar as necessidades dos outros acima das suas.

Como Ray descobriu, é preciso manter-se no caminho determinado, por mais difícil que seja. Esse caminho é repleto de bloqueios e inesperadas distrações; contudo, se você mantiver uma clara imagem do que se determinou a ser, esses obstáculos serão facilmente transponíveis. Isso fará com que você demore um pouco mais para alcançar a meta demarcada, porém você chegará ao seu destino. A determinação a respeito do propósito da sua vida e seus padrões indicarão o caminho a seguir e as atitudes a tomar. Eles é que irão definir como você poderá inserir ordem, determinação e bom senso na sua existência. Mas o que acontecerá se você fizer a escolha errada? Continuará com o compromisso?

Eis uma história que ouvi recentemente e que ilustra essa situação. John era um funcionário confiável e era, também, amigo pessoal de Hugh, o patrão, e tinha todas as oportunidades de triunfar — mais oportunidades, talvez, do que as oferecidas aos demais funcionários — porque seu patrão assumira dois papéis: o de patrão e o de amigo. Quando Hugh descobriu que John o estava furtando ficou sem saber qual dos seus padrões deveria prevalecer no caso. Como amigo, tinha impulso de ser compreensivo para com a situação pessoal de John. Mas, como empresário, sabia que John tivera outras opções que não as de furtar. No fim, John foi despedido e a amizade entre os dois terminou.

O incidente afetou muito as finalidades e as atitudes de Hugh.

"Meu propósito", declarou ele, "é encontrar meios para ajudar os outros a lidar melhor com as próprias vidas. Um dos modos de realizá-lo foi fundar uma empresa e levá-la ao sucesso, sempre dentro da minha visão de finalidade e determinação. Ter empregados que furtam não beneficia de modo algum a realização desse propósito. Surgiu então um conflito, porque tentei ser as duas coisas: empresário e amigo. Mas essas duas situações têm padrões diferentes que entram em choque. Como empresário eu não tinha escolha a não ser terminar o relacionamento profissional com John. Como amigo tinha obrigação de ajudá-lo a voltar para o caminho certo".

A experiência de Hugh demonstra que muitas vezes as circunstâncias podem alterar-se de tal modo que nos obrigam a reavaliar o sentido do nosso propósito. Esse propósito ainda é válido? Seus padrões ainda podem ser aplicados? Se você escolher o caminho errado ou se o sentido do seu propósito deixou de ser válido é preciso que haja uma mudança. Certa vez um sábio disse "Se você descobrir que está cavando um buraco para si mesmo, jogue a enxada fora". Quando chegarmos à Estratégia #7, você aprenderá quando deve fazer essa mudança. Mas, primeiro, vamos dar uma olhada no nosso terceiro princípio-guia, a *força interior*.

Força Interior

Você precisa da força interior como uma base presente dia a dia, minuto a minuto, se quiser tornar-se capaz de cumprir o seu compromisso de acordo com os padrões estabelecidos pelo seu senso de propósito. Irá se ver diante de persistentes tentações de alterar seus valores e sua força interior irá agir como um guia constante, uma bússola moral que manterá você no rumo certo.

Mas lembre-se de que a força interior é, também, parte da nossa terceira estratégia. Nela aprendemos sobre a importância de um firme discernimento de como você vê as coisas agora, e até que ponto tem de avançar ou recuar para chegar ao centro das escalas IE e VE. Esta pode ser uma experiência aflitiva e um desafio para suas mais profundas convicções. Mas se você for capaz de encarar duras verdades sobre si mesmo a experiência será valiosa.

Tive um amigo que estava morrendo devido a complicações de diabete. Ele sofria de dores constantes que só conseguia suportar à custa de morfina. Esse homem trabalhador, com esposa, dois filhos e seis netos, sempre enfrentara a vida corajosa e honestamente. Conhecia suas forças tão bem quanto suas limitações e seu mantra era "Temos que jogar com as cartas que recebemos". Nos últimos meses de vida ele ainda encontrava energia para sorrir e agradecer carinhosamente a cada filho ou neto que o vinha visitar. Demonstrava muita força interior, mesmo morrendo. Continuava jogando com as cartas recebidas sem se queixar ou desanimar.

Pode-se encontrar freqüentemente histórias similares nas biografias de pessoas muito conhecidas. Em geral, suas realizações acontecem somente a alto custo pessoal. E muitas delas têm seus próprios demônios que ameaçam derrotá-las a qualquer instante. Não há nada de surpreendente nisto. Todos temos defeitos que nem mesmo o bom senso do mundo inteiro poderia eliminar. Como disse o biógrafo Norman Cousins, "A essência do ser humano é a imperfeição".

Pessoas admiráveis cometem erros, contudo as realmente mais admiráveis são as que têm força interior para admitir o erro e tentar de novo. Estas são pessoas que não têm medo de começar uma nova carreira ou de pedir ajuda quando precisam. Quando dão um passo em falso enfrentam seus demônios, restauram sua força interior e tentam mais uma vez se tornar a pessoa que desejam ser.

Certa vez ouvi o ator Paul Newman falar de seus anos de jovem astro do cinema. Quando lhe perguntaram o que ele via quando olhava seus antigos filmes, Newman respondeu "Vejo um ator que batalhava duramente para crescer". Talvez naqueles anos ele estivesse tentando achar a si mesmo.

Agora que chegou aos setenta anos, compreende que não é mais preciso esforçar-se tanto para desenvolver seus papéis. Encontrou sua força interior e parece mais contente. Uma porção de gente de sucesso, mais velha, transmite essa paz interior e diz "Sou quem sou e sou quem eu quis ser".

Todavia, talvez poderá parecer-lhe difícil alcançar esse ponto na sua própria vida. De vez em quando você fará julgamentos equivocados e cometerá erros ao longo do caminho. Portanto, precisa aprender a encarar esses erros como oportunidades de aprender. Dizem que Walt Disney sempre comentava "O prejuízo total que tive quando jovem foi um grande mestre". Depois de falhar repetidamente nas tentativas até inventar a lâmpada elétrica, Thomas Edison declarou: "Agora sei que há mil e um modos de *não* fazer uma lâmpada elétrica". A pessoa esperta vê em todos os erros a oportunidade de aprender e ajusta as suas atitudes futuras de acordo com esse aprendizado. Aqueles aos quais falta a força interior repetem os mesmos erros várias vezes e depois se perguntam por que não conseguem mudar de vida.

Um sem-teto certa vez dividiu comigo um *hot dog* nos degraus da escadaria do edifício da prefeitura, em Toronto. Enquanto comíamos, ele me contou como via alguns de seus companheiros sem-teto que faziam de tudo para sobreviver enquanto outros simplesmente abandonavam a luta. Enquanto eu o escutava, de repente, compreendi que não éramos diferentes um do outro. Com certeza eu tinha mais redes de segurança para deter minha queda caso alguma coisa não desse certo; tinha meus salva-vidas pessoais nas pessoas de amigos e parentes que me ajudariam e, até mesmo, a assistência do governo. Aquele homem e seus companheiros estavam empenhados numa luta de vida ou morte mais cruel, porém no fundo nós todos estávamos lutando para sobreviver.

A maior parte de nós funciona de acordo com a hierarquia das necessidades de Abraham Maslow, é claro, e como resultado ignoramos nossos anseios primordiais até percebermos que perdemos tudo. A mídia está cheia de histórias de pessoas que se empenharam em mudar suas vidas depois de sofrerem acidentes quase fatais. Pacientes com enfermidades terminais perguntam-se por que desperdiçaram momentos preciosos, dias, anos, em coisas que agora lhes parecem sem importância. O ponto alto de uma piada famosa é que as últimas palavras de um homem que não estava morrendo foram estas: "Eu queria ter passado mais tempo no meu escritório".

Esse tipo de pessoa recebeu um dom que as lembra de que a determinação de sobreviver está no âmago de tudo o que fazemos. Esta simples, quase infantil, visão da vida pode fazer com que você guarde uma impressão que poderá diminuir seu senso de realização. Se você assumir um compromisso e conhecer a força interior que possui, sua resistência ao senso comum irá diminuir muito.

Compreendendo a Estratégia #4

1. Volte ao seu caderninho de anotações e faça uma lista de todos os papéis que você desempenha em sua vida

(pai ou mãe, profissional, amigo ou amiga, marido ou mulher, etc.).

2. Diante de cada papel, defina o grau de empenho que dedica a cada um.

3. Compare os resultados finais para ver se existe emprego de mais força para uns papéis do que para outros. Pergunte a si mesmo: "Se eu contribuir com este empenho para os que me rodeiam e usá-lo para dirigir a minha vida, será uma experiência satisfatória?". Pense bem na resposta antes de escrevê-la. A força, o impulso que você sente são importantes para ajudar a definir seu senso de realização.

Conclusão

Leva-se bastante tempo para absorver e implementar a Estratégia #4. Você precisará deixar que a informação contida neste capítulo se insira em sua mente antes de colocá-la em prática. E quando começar a aplicá-la irá descobrir que nem tudo na sua vida é como deveria ser. Quando isso acontecer, você terá que recorrer à estratégia seguinte.

Estratégia 5

ACEITE O INESPERADO

O coração do ser humano é feito para conciliar
as mais flagrantes contradições.

— David Hume

Então, o que aprendemos até aqui? As duas primeiras estratégias nos ensinaram que nada é absoluto e que tudo o que precisamos saber está à nossa disposição. A terceira estratégia explicou como filtrar e processar as informações; a quarta introduziu os três princípios-guia que nos ajudarão a transformar as informações em conhecimento.

Assim, você já pode passar para a quinta estratégia. No mundo de hoje as coisas nem sempre são o que parecem. A Estratégia #5 focaliza essa inconsistência e sugere caminhos para encontrar soluções em atitudes inusitadas.

Vamos considerar um exemplo. Um homem simples e modesto modificou o mundo. Sem erguer uma espada ou disparar um tiro sequer ele se tornou um líder, cujo nome ainda ressoa meio século depois da sua morte. Seu povo vivia num país que era governado por uma poderosa nação — uma nação cuja força criou um império que alcançou todos os pontos mais distantes do globo. Quando os primeiros rumores de dissidência foram ouvidos, a nação agiu, enviando o mais bem equipado exército do mundo para sufocar qualquer tentativa de revolta. Mas os nativos daquele país chegavam a centenas de milhões e as tropas contavam apenas com dezenas de milhões, por isso a solução óbvia teria sido organizar-se e repelir os intrusos em direção ao mar. No entanto, esse povo constava de centenas de milhões de pessoas sem instrução que não tinham nem a experiência e nem os recursos para organizar uma contra-ofensiva. O líder deles viu que haveria apenas um terrível banho de sangue, por isso decidiu ao contrário: em vez de lutar em termos de guerra escolheu lutar em termos de paz. Através de seus pacíficos protestos foi capaz de chamar a atenção mundial para a má situação do seu povo e forçar a nação poderosa a recuar.

Mahatma Gandhi compreendeu que algumas respostas não se encontram no óbvio, mas sim no inesperado. *Sempre* existe mais de uma solução para todos os problemas e muitas vezes a melhor é a que mais surpreende por ser inusitada.

A Estratégia #5 baseia-se na ciência. Isaac Newton afirmou que para cada ação se opõe uma reação igual. Isto se aplica muito bem às experiências humanas. A pessoa atenta e inteligente percebe as reações que ocorrem na natureza e olha na direção oposta para compreender o que acontece — exatamente como fez Gandhi.

Do ponto de vista do povo da Índia colonial o imperialismo britânico significou opressão e o impulso natural foi resistir. Podemos, também, argumentar que a presença britânica no país criou um potencial para a violência. Em outras palavras, havia uma relação de causa-e-efeito. É importante para nós reconhecermos esses tipos de relação, pois precisamos chegar ao cerne de qualquer situação antes de poder aplicar o bom senso. Mas não desanime. Na maioria das vezes, quanto mais você se aprofundar na controvérsia da causa-e-efeito, mais se aproximará de uma solução de bom senso.

Por mais confuso que pareça, essa atitude leva ao coração da quinta estratégia. O que parece a solução certa pode muito bem acabar se revelando por você ter interpretado mal a relação causa-e-efeito ao colocar a culpa, ou responsabilidade, no lugar errado. Cada pessoa acredita que a sua perspectiva é a correta. Richard Bach certa vez escreveu "O que a lagarta chama de tragédia, o professor chama de borboleta". Quando você estiver tentando introduzir sentido na sua vida lembre que o único ponto de vista que deve ser levado em conta é o seu.

Revertendo a Causa-e-efeito

Minha amiga Terry era assistente administrativa do presidente de um grande conglomerado multinacional. No ano passado ela sofreu uma dolorosa separação de seu companheiro, Bob, que a deixou por outra mulher. Traída e magoada, Terry consumiu-se em planos de vingança, cheios de ódio e até de violência. Ficou obcecada por esses pensamentos ruins que acabaram afetando todos os setores da sua vida. Os amigos começaram a evitá-la. Sua família perdeu a paciência. Seu desempenho no trabalho foi muito prejudicado.

Do ponto de vista de Terry o abandono de Bob havia sido a causa de todo esse ódio. Sua resposta negativa era simplesmente o efeito. Sentia-se uma vítima dos acontecimentos, indefesa e fraca. Tão profundo era o seu desespero que o máximo que conseguiu foi transformar a raiva intensa em pensamentos ruins.

Muita gente acredita, como fez Terry, na existência de uma progressão lógica que causa o efeito — Bob enganou e abandonou Terry, portanto Terry é uma infeliz. Mas a vida nem sempre apresenta um efeito correspondente a uma causa. Às vezes, para obter o controle e verificar o que é, de fato, a causa e o efeito é preciso reverter o processo para que se possa ter a noção exata do que acontece ao nosso redor. Essa é a lição que ela deveria ter aprendido. De fato, o ódio que Terry sentiu é que foi a causa e sua infelicidade, o efeito. Minha amiga precisaria ter compreendido que *ela* era a causa do abandono, que *ela* deveria assumir o controle da situação e torná-la coerente. Quando invertemos os fatos, na maioria das vezes conseguimos descobrir que o bom senso se encontra numa resposta que é o oposto daquela que parece adequada à primeira vista.

Essa é a essência da quinta estratégia.

Aplicando a Estratégia #5

Há três passos básicos para aplicar a Estratégia #5: reverter a progressão, verificar o efeito desejado e articular as intenções. Vamos examinar cada um desses passos usando o caso de um *shopping center* que seria aberto no centro da região de Ontário, onde se localizam os chalés de veraneio.

Recentemente uma conhecida *franchise* comprou terras estrategicamente localizadas para construir um *shopping center* com a finalidade de atender a meia dúzia de cidadezinhas que até então eram atendidas por dez a doze armazéns que forneciam mantimentos, ferragens, roupas, madeira, etc. Tinha havido um considerável aumento de construção de novos chalés de veraneio e os donos da *franchise* perceberam que ali iria florescer um mercado lucrativo relacionado com as necessidades inerentes às casas.

Assim que foi anunciado o plano de construção do *shopping* os comerciantes locais se alarmaram. "Esse empreendimento vai roubar nossos clientes", queixaram-se. "Vai matar o movimento nas cidades. Vai ser uma desgraça para nós!". Do ponto de vista desses comerciantes a causa dos seus problemas era a loja monstruosa. O efeito seria a perda dos clientes que, tinham certeza, iria acontecer. Não importava de que jeito analisassem o fato, chegavam sempre à mesma conclusão: iriam à falência por causa do *shopping center.* Os comerciantes deveriam invocar a Estratégia #5 e dar ao fato um giro de 180% para ter uma nova e melhor perspectiva dele.

- *Passo 1: Reverter a Progressão*

Para exercer esta estratégia, o primeiro passo é reverter a progressão e obter algum controle sobre a situação. Os comerciantes locais precisam parar de culpar a grande loja por seus problemas e começar a assumir as próprias responsabilidades. De fato, o *shopping* é o efeito e não a causa. Por algum motivo, a lealdade de seus clientes estava sendo ultrapassada pela necessidade de um estabelecimento que lhes oferecesse um campo mais amplo e completo para fazer compras. Em vez de começar a combater a construção da grande loja, eles precisavam era descobrir a causa que iria provocar a deslealdade de seus clientes.

• *Passo 2: Definir o Efeito Desejado*

É evidente que a finalidade dos comerciantes é continuar com seus estabelecimentos. No entanto, foram displicentes demais. Acomodaram-se com os clientes que tinham e não fizeram o menor, ou mesmo nenhum esforço para verificar se estavam realmente oferecendo os produtos e serviços que eles precisavam e queriam. Quando começaram a perguntar a si mesmos se haveria outros produtos e serviços que os clientes poderiam querer, compreenderam que não sabiam como os clientes iriam responder. Concluíram que pensavam estar tratando bem seus clientes, mas que isso estava muito longe da verdade.

• *Passo 3: Articular Suas Intenções*

O passo seguinte é delinear um plano de ação. Os comerciantes queriam permanecer no negócio e, por fim, tinham compreendido que o atual estado das coisas não era a opção certa. Então, compreenderam que precisavam avaliar o que ofereciam e descobrir o que os clientes queriam. Logo passaram a conversar com eles, para saber o que desejavam, e a formar grupos de compradores, para preencher todos os nichos do mercado. Em vez de enfrentar a falência e presenciar a morte da área comercial das pequenas cidades, deram-lhe novo sopro de vida com base nas lições contidas na Estratégia #5.

Mais Algumas Histórias Bem-Sucedidas

Como o nosso programa de três passos poderia ajudar Terry? Bem, no momento em que ela compreendesse que era o ódio que sentia, e não Bob, a origem de sua infelicidade, seria capaz de reverter a progressão. Então, trataria de definir um novo efeito — ser feliz sem Bob em sua nova vida. Isso possibilitaria que fosse adiante e começasse a procurar um novo relacionamento que atendesse aos seus anseios de maneira mais completa, o que não tinha acontecido no relacionamento com Bob.

Vamos considerar outro exemplo. Um jovem empreendedor meu conhecido certa vez admitiu que era muito difícil para ele confiar nos outros. Constantemente, via modos melhores ou mais eficientes de realizar as coisas e jamais hesitava em corrigir seus subordinados. "Ninguém pode fazer isso melhor do que eu", justificava-se para viver espiando por cima do ombro dos demais. Quando sua empresa começou a fracassar, ele pressionou. Quando seus empregados faziam algo errado, ele pressionava. Quando precisava de novas idéias, pressionava.

Mas acontece que essa pressão agressiva era sintoma de um problema maior: sua impossibilidade de confiar nos outros. Ele simplesmente achava que seus empregados não tinham capacidade de realizar o trabalho que eram pagos para fazer. Felizmente, ficou conhecendo a Estratégia #5 e compreendeu que com um ângulo diferente de visão poderia descobrir como resolver seu problema. Primeiro, reverteu a progressão aprendendo a olhar para *si mesmo*, e não para seus supostos incapazes colaboradores, como culpado do próprio estresse. Decidiu, então, passar a dirigir sua empresa de maneira que produzisse resultados sem sua constante interferência. Escolheu deixar que as coisas fossem acontecendo, sem pressionar para que acontecessem. Deixou que seu pessoal trabalhasse de acordo com o próprio ritmo, do seu próprio jeito, com o mínimo de interferência realmente necessária. Quase que imediatamente começou a surgir um ímpeto de criatividade entre seus empregados e a empresa passou a crescer. Esse empresário conseguiu utilizar a Estratégia #5 para enxergar melhor a situação em que se encontrava e para aprender a confiar.

Eis mais um exemplo. *The Horse Whisperer* é um maravilhoso livro de Nicholas Evans. Ele conta a história de Annie, que procura ajudar a irmã a lidar com as conseqüências de um acidente, ao mesmo tempo que procura compreender sua própria vida. No final do livro, Annie escolhe entre mudar-se para Montana, deixando a família para trás, ou voltar à sua vida como ela era. Quando diz ao marido, Robert, que precisa de algum tempo para pensar, ele responde: "Leve o tempo que precisar, mas não volte para casa a não ser que queira realmente fazê-lo". Robert exerceu claramente a Estratégia #5. Reverteu a progressão colocando o sucesso do casamento nos ombros de Annie em vez de nos seus. A intenção dele foi deixá-la decidir o que queria e assumiu o papel de esperar. Outro marido teria insistido com a mulher para que voltasse para casa, sob ameaça de pedir divórcio, mas Robert agiu de modo a deixar com ela o peso da decisão sobre a própria liberdade.

A Estratégia #5 pode também ser aplicada no plano financeiro. Caso você possua investimentos de fundos mútuos, sabe (ou deveria saber) que se trata de um investimento a longo prazo. Mesmo sabendo disso, se o mercado cair de repente sua primeira reação poderá ser vendê-los para diminuir o prejuízo. A causa é uma queda no mercado de valores e o efeito é sua reação de pular fora. Mas se você conseguir lembrar-se de que está investindo a longo prazo, deverá comprar mais fundos mútuos em vez de vender. Desse modo, a compensação da causa será uma nova oportunidade no mercado de valores e o efeito será sua decisão de comprar. Se sua certeza do crescimento a longo prazo estiver correta, a subida futura do mercado de valores irá resultar num lucro ainda maior.

As Quatro Etapas do Conhecimento

Como a Estratégia #4, esta estratégia exige algum tempo e paciência para dominá-la. Você deve processar a informação que acaba de receber e transformá-la em conhecimento. O processo é semelhante ao que empregamos em descobrir novos caminhos para aprender a ter uma visão melhor dos fatos e passa por quatro etapas bem distintas. Em poucas palavras, elas são:

Etapa 1: O inconsciente incompetente.
Nesta etapa você não tem informações suficientes para resolver seus problemas e também não sabe que não tem informações.

Etapa 2: O consciente incompetente.
Nesta etapa ainda lhe faltam informações, mas agora você sabe que tem necessidade delas.

Etapa 3: O consciente competente.
Agora você tem as informações de que precisava e sabe que as tem, mas ainda não sabe ao certo como usá-las.

Etapa 4: O inconsciente competente.
Você tem as informações e incorporou-as a tal ponto que não precisa pensar nelas em detalhe para saber qual funciona e qual não funciona. Isto significa que transformou as informações em conhecimento.

Vi este processo em ação quando decidi jogar tênis. Achei que era um esporte de domínio fácil, então fui com um companheiro para as quadras do parque local. Estava na etapa um, a do inconsciente incompetente. Eu não conseguia fazer nada direito e o jogo tornou-se insuportável: eu dava a primeira batida na bola e não a acertava quando ela retornava, de modo que passei a maior parte do tempo indo buscá-la nos arredores.

Precisava de ajuda e contratei um professor profissional, o que me levou à etapa dois, a do consciente incompetente.

As aulas foram úteis e aprendi alguns movimentos básicos: como ficar parado, como segurar a raquete e como bater na bola. Mas cansava tão depressa por ter de me concentrar nas posições e movimentos que achei que teria sido melhor continuar não sabendo nada. Eu me tornara, então, o consciente competente.

Percebendo a minha frustração, o professor aconselhou-me a ser paciente. Disse que com muita paciência eu me tornaria capaz de fazer os movimentos automaticamente e melhoraria bem no jogo. Ele tinha razão. Consegui ir melhorando até chegar a... bem, pelo menos a ser um inconsciente competente.

A ligação entre a noção do bom senso e a lição da Estratégia #5 passa pelo mesmo processo. As três etapas colocam você na categoria do consciente competente. O desafio seguinte é passar para a etapa quatro — a do inconsciente competente. É neste ponto que a informação tem de ser transformada em conhecimento, levando-o a tornar-se apto para encontrar soluções de bom senso sem precisar pensar em tudo, etapa por etapa. Então, você terá aprendido a confiar na sua intuição.

Ouvindo a Sua Voz Interior

Lembra-se da voz interior, sobre a qual tratamos na Estratégia #2, a voz que fica em um lugar de sua mente onde sempre é dita a verdade? Isso é o equivalente a ter um poderoso processador no cérebro. Uma vez que ele esteja bem programado, age instantaneamente. Você já não terá que pensar nos ensinamentos de cada lição e segui-los passo a passo para chegar até aqui. Ao contrário, cada situação que se apresenta será imediatamente analisada, tanto através das informações que você acumulou como pela estrutura de processamento que você construiu.

Esta voz interior é suave e nos orienta para as decisões que tomamos todos os dias. Mesmo que a voz nos diga para fazer algo que desafia a lógica ou contradiz nossas crenças, temos que aprender a confiar nela. Se ela diz que ainda está faltando informação e que você ainda não sabe como deve agir, consulte de novo os três passos dessa estratégia. Se resolver ignorar o que a voz aconselha, estará se arriscando.

A Estratégia #5 é elegante em sua simplicidade. No fundo, ela diz que se você analisar os fatos ao máximo e evitar a influência de detalhes improdutivos poderá progredir realmente. Ela diz, também, que deve confiar em sua voz interior, mesmo quando o que ela aconselha pareça desafiar a lógica. Isso eliminará a necessidade consciente de parar e imaginar a causa e o efeito.

Esta estratégia é uma das mais difíceis de aceitar e será normal se você escorregar para trás de vez em quando. Isto provará a dificuldade em resistir à urgência de intelectualizar, de passar horas sonhando de olhos abertos, imaginando, ou de tentar adivinhar as motivações dos outros. O melhor a fazer quando algo assim acontece é, simplesmente, deixar-se levar. Afinal de contas, a experiência é a melhor mestra e você aprenderá muito com os erros que cometer. Sua indulgência irá apenas reforçar esta estratégia.

Compreendendo a Estratégia #5

1. No seu caderninho de anotações, descreva a situação quando sentir que está perdendo o controle ou achar que está sendo vítima das circunstâncias. Ainda não analise esses fatos — apenas descreva-os da maneira que lembrar deles.
2. Quando voltar a ler essa descrição, procure determinar a causa-e-efeito.
3. Em seguida, reviva a situação (mentalmente) usando os três passos ensinados nesta estratégia: reverta a progressão; determine a finalidade desejada; articule suas intenções.
4. A seguir, descreva sua reação à nova situação. Determine como a Estratégia #5 pode ajudar no desenvolvimento de soluções mais saudáveis, mais produtivas para situações como essa que você acaba de analisar.

Conclusão

No começo deste livro você leu a respeito da opinião largamente aceita de que é impossível adquirir bom senso, que bom senso não se aprende, que se tem bom senso ou não e pronto — diz a teoria. Mas a Estratégia #5 prova que com prática você também pode ser uma daquelas pessoas seguras de si que sempre encontram uma solução que faz sentido. No entanto, não se apresse. Agora você precisa aprender que ter bom senso e estar certo nem sempre são a mesma coisa, além de entender que considerar acertada toda ação pode conduzir ao fracasso e à frustração.

É por isso que você precisa da estratégia seguinte.

Estratégia 6

MANTENHA-SE NO RUMO TRAÇADO

Só se pode compreender a vida no passado;
mas é preciso vivê-la no futuro.

— Søren Kierkegaard

De um modo ideal, devemos escolher o rumo certo de ação em todas as circunstâncias. No entanto, muitas vezes nos apanhamos agindo sem realmente saber se estamos tomando a atitude certa, recomendada pelo bom senso. Em geral descobrimos as falhas no caminho escolhido só depois de estarmos nele. Por quê? Bem, isso acontece na maioria das vezes por falta de experiência ou de informação. Esta estratégia nos força a reexaminar o que aconteceu quando os resultados das nossas atitudes se revelaram incompatíveis com as nossas intenções.

Imagine isto. Numa típica manhã você está com pressa, arrumando-se para ir trabalhar. Pega rapidamente tudo que precisa — pasta, capa, guarda-chuva, chaves... CHAVES! Onde estão as suas chaves? Como você é uma pessoa de hábitos constantes, sempre as deixa penduradas num gancho ao lado da porta da frente, mas desta vez elas não estão lá. Você procura por todo canto, mas não as encontra. Com tudo isso, atrasa-se para o trabalho.

Depois de parar um instante para respirar profundamente a fim de impedir que uma enxurrada de palavras escatológicas e profanas escapem de sua boca, você começa a rememorar tudo que fez desde a última vez que viu as chaves. Estacionou o carro, abriu a porta da frente, entrou no hall, colocou a pasta no chão, tirou a capa, cumprimentou sua família, foi à cozinha e sentou-se para jantar. Revisando todos os seus passos você poderá restringir a busca e talvez até estimular a memória. De repente, lembra-se de que seu filho lhe pediu o carro emprestado. Você disse a ele onde as chaves estavam e é claro que o rapaz não as devolveu ao lugar certo. Agora a procura das chaves já pode reduzir-se a achar seu filho. Esse é um excelente exemplo de como o bom senso pode nos ajudar a safar de uma situação frustrante. Quer você esteja querendo encontrar um objeto perdido ou fechar um acordo de negócio, esta estratégia poderá ser de enorme valor.

Não Complique

No caso das chaves perdidas, foi fácil achar um ponto de partida. Simplesmente você voltou ao momento em que as vira pela última vez. No entanto, a busca de respostas para perguntas mais difíceis poderá colocar você num emaranhado de detalhes, dificultando a solução. Muitas vezes pioramos a nossa situação por complicá-la.

O bom senso diz que o ponto de partida quando se quer rever as próprias ações é o ponto em que tivemos sucesso pela última vez. Se você costuma pescar, vai entender o que acontece no relato que se segue. Digamos que um dia você chega a um lago e vê um companheiro pescador ao longe. Quando aproxima seu bote do dele, nota que o pescador está pegando muito peixe.

— Pelo visto, está com sorte, amigo! — você comenta.

— Até que estou — concorda ele. — Olhe só para isto.

E lhe mostra um lúcio de uns quatro quilos.

— Onde apanhou este? — quer saber você.

O pescador vitorioso faz uma detalhada descrição do local e do método empregado para apanhar o esplêndido peixe. No mesmo instante você vai para o local indicado, esquecendo-se de um importante detalhe: nenhum pescador iria contar fielmente onde pescara com tanto sucesso porque não há de querer que você pesque no mesmo lugar. Então, enquanto você vai para o local errado ele fica rindo e pega outro enorme lúcio.

Para encontrar seu ponto de partida você terá que fazer as perguntas certas. O pescador do nosso exemplo fez a pergunta errada. Se ele tivesse dito: "Será que se importa se eu pescar aqui a seu lado por algum tempo?", com certeza o outro não teria o desplante de dizer que não. Então, os dois teriam feito amizade e descoberto muitas coisas em comum. Quem sabe até o pescador vitorioso se tornasse amigável o bastante para trocar dicas sobre as melhores iscas e técnicas diferentes de pesca. Logo os dois estariam com seus botes cheios de lúcios.

Quando você estudou a nossa primeira estratégia aprendeu que a inabilidade para fazer perguntas certas pode criar grandes problemas na nossa vida. As perguntas certas são as que nos ajudam a entender como e por que tomamos determinadas atitudes. E as respostas a essas perguntas, como acabamos de ver, podem ser reveladas através desta nova estratégia. Tudo começa com um plano de ação.

Todo empresário sabe que um plano estratégico é crucial para o sucesso do seu negócio. Um plano pode também antecipar possíveis armadilhas e imprevistos, desenvolvendo estratégias para lidar com eles ou evitá-los. Nesse plano devem constar itens tais como vendas, mercado, finanças, administração, desenvolvimento de produtos e, claro, itens de verificação a partir dos quais o dirigente deve parar e avaliar o progresso obtido. Um dirigente esperto não irá esperar até que o projeto esteja inteiramente implantado para somente então verificar seu potencial de sucesso. Você precisa desenvolver um plano estratégico para sua própria vida. Esse plano deverá conter pontos predeterminados nos quais você deverá parar, medir seu sucesso e fazer ajustes se as coisas forem devagar demais ou se estiverem surgindo problemas. Deverá revisar seu plano em bases regulares e deixar que seu bom senso recentemente conquistado determine quando continuar ou quando corrigir a direção.

No caso das chaves perdidas o ponto de partida — ou seja, a última vez que você as viu — era evidente. E isso fez com que fosse fácil relembrar os passos e encontrá-las. No entanto, se você não tivesse achado a resposta tão depressa, a estratégia poderia ter sido revisar suas ações na ordem ascendente de detalhes. Para começar, você evocaria os acontecimentos mais importantes, tais como estacionar o carro, entrar pela porta da frentc, pendurar a capa, cumprimentar sua família e assim por diante. Mas se esses acontecimentos maiores não o levassem às chaves, você teria de passar para outro nível de detalhes, lembrando que entrou pela porta da frente, andou pelo hall até o armário, pendurou a capa no cabide de madeira do lado esquerdo do armário, conversou com seu filho sobre como fora o dia dele, foi até a cozinha e tropeçou num canto erguido do linóleo, cumprimentou sua esposa e aspirou o aroma de alho fresco no pote de tempero sobre o fogão, etc.

Se você *ainda* assim não tivesse chegado ao ponto necessário teria que descer a um nível mais inferior de detalhes e eventualmente descobriria onde as chaves estavam. É muito importante que você só aumente a quantidade de detalhes quando for mesmo preciso, assim evitará a possibilidade de atrapalhar-se com informações irrelevantes.

É interessante notar como o detalhe que você acrescenta em geral se relaciona com um dos seus cinco sentidos. Verifique no exemplo anterior. Na primeira etapa, o detalhe é essencialmente visual: você se imagina estacionando o carro e cumprimentando sua família. Mas à medida que vai acrescentando detalhes, você passa a utilizar outros sentidos: sente a madeira do cabide em que pendura a capa, pode ouvir seu filho pedindo o carro emprestado, sente o cheiro do alho no molho para o macarrão. Desse modo, consegue ver como a sua memória é poderosa quando se envolvem todos os sentidos numa recordação.

Agora, talvez você esteja pensando na nossa segunda estratégia e imaginando se me esqueci do que ensinei nela. Provavelmente está se perguntando: "Ele não disse que nos limitamos a nós mesmos quando interpretamos o mundo apenas através dos cinco sentidos?". Eu disse, sim, porém nada há de contraditório. O mundo em que vivemos é sensitivo e o degrau mais fácil para acessar a Estratégia #6 é evocar os cinco sentidos. Se você não conseguir encontrar suas diretivas nem mesmo com os detalhes adicionais, o melhor é descontrair e deixar que sua intuição trabalhe.

Quando você lançar mão dos seus cinco sentidos, procure ter certeza de estar selecionando sua memória sensitiva de acordo com o que funciona melhor para você. Quer dizer, comece com o sentido que mais costuma usar. Caso se lembre melhor das coisas visualizando-as, significa que a visão é seu primeiro nível (como no exemplo de nossas chaves perdidas). Porém, de que outro modo você pode examinar seu mundo? Quando vê flores, sente mais atração pelo perfume ou pela cor delas? Lembra-se do gosto de uma boa comida ou o que mais marcou você foi a conversa que se estabeleceu à mesa? Para criar sua lista de sentidos preferenciais, pense em acontecimentos passados da sua vida e procure determinar de que modo eles lhe vêem à lembrança. Relacione o sentido adequado no momento em que visualiza o detalhe.

As perguntas corretas que deve fazer a si mesmo quando recria um acontecimento são as que possam ajudar a focalizar a quantidade certa de detalhes. "Que cheiro havia na cozinha? Que ruídos eu ouvi? Como me senti ao chegar em casa?" Esses são os tipos de pergunta que ajudarão você a refazer seus passos detalhadamente. Imagine-se acordando de um profundo sono, pela manhã. Talvez o cheiro do café recém-coado na cozinha seja a sua primeira sensação. Só então você nota a brisa fria que entra por uma janela aberta e acaricia seu rosto, a maciez das cobertas em sua pele, um pássaro cantando no quintal e assim por diante. Você irá ter a mesma sensação de chegar à plena consciência quando acrescentar detalhes a qualquer fato que esteja querendo reviver. Em algum momento você será capaz de visualizar o quadro inteiro e dizer a si mesmo: "Como não vi isto da primeira vez?".

Essa é a maravilha da Estratégia #6.

Vamos considerar outro exemplo. Jake e Mary divorciaram-se há alguns anos. Fora um longo, amargo divórcio; porém, por mais difícil que tenha sido para os dois, foi mais difícil ainda para Heather, a filha deles. Como muitas crianças, ela sentiu-se culpada pelo fim do casamento de seus pais. Vivia dizendo "Se eu não tivesse sido tão exigente..." ou "Se pelo menos eu...". A situação foi extremamente difícil para a menina. O bom senso teria dito a Heather que ela não tinha a menor responsabilidade pela situação entre seus pais, contudo ela era incapaz de ver isso sozinha. Os fatos todos confundiam-se em sua mente.

Por sorte, Jake e Mary eram inteligentes o bastante para reconhecer isso e imediatamente procuraram ajuda profissional para a filha. A terapia tornou possível que ela entendesse o que havia acontecido. Heather foi capaz de voltar atrás nos acontecimentos até o ponto em que sua família era harmoniosa e, a seguir, foi se deslocando para a frente de modo a lembrar-se dos incidentes que haviam levado seus pais ao divórcio. Foi capaz de focalizar fatos que significavam lembranças especiais para ela, e através desse processo compreendeu que o rompimento entre seus pais era muito mais complexo do que havia imaginado e que ele se desenvolvera com o decorrer do tempo.

A Estratégia #5 ajudou Heather a entender que os problemas do casamento de seus pais tinham a ver com eles e não com ela; descobriu que não era a causa do rompimento deles mas sim seu efeito. Reverteu a progressão, assumindo a responsabilidade pela própria infelicidade e sensação de culpa, então alcançou a meta desejada, que era encontrar alguma harmonia morando com os pais em duas casas separadas. Ao reconhecer suas necessidades e falar a respeito do que queria mudar, ela pôde readquirir o controle sobre sua vida e seguir adiante. As Sete Estratégias do Bom Senso agem como um mapa indicando o caminho para a cura. Todos nós temos o que aprender com o exemplo de Heather.

Compreendendo a Estratégia #6

1. Imagine que você vai escrever a sua autobiografia. Mas em vez de contar toda a história da sua vida o livro irá focalizar apenas sua maior realização, um empreendimento do qual você se orgulhe muito.
2. Comece por traçar no caderninho de anotações um roteiro para a sua autobiografia. Faça a lista dos capítulos em ordem cronológica e de modo que cada um conte-

nha o fato principal que significou um grande passo em direção ao sucesso.

3. Depois de esboçar um roteiro satisfatório, comece a reunir detalhes e vá fazendo a lista dos fatos secundários a serem incluídos em cada capítulo. Deste modo, procure obter todos os detalhes que puder até sentir que já pode começar a escrever.
4. Usando o roteiro como guia, complete cada capítulo com o maior número possível de acontecimentos relativos. Tenha certeza de evocar todas as suas memórias sensitivas — não apenas com base no que viu, mas também no cheiro percebido, no gosto que apreciou, nas sensações que teve e no que ouviu.
5. Quando tiver terminado, leia tudo que escreveu. Preste atenção às lembranças relacionadas com os sentidos. Repare como elas acrescentam muito mais camadas de detalhes no quadro que você está tentando pintar.

Conclusão

Agora você já tem noção de que traçou um caminho especial para si mesmo. Às vezes uns poucos desvios desse caminho são aceitáveis e até mesmo podem ajudar, mas se você sair completamente dele, a Estratégia #6 aqui está para fazer com que volte a percorrê-lo. Todavia, resta uma pergunta que não foi respondida: "O que acontece se o caminho que você escolheu for errado?".

É por isso que precisamos da sétima e última estratégia.

Estratégia 7

NÃO TENHA MEDO DE MUDAR DE BARCO NO MEIO DO RIO

O Homem que não comete nenhum erro
é o Homem que nunca faz nada.

— Eleanor Roosevelt

Das Sete Estratégias do Bom Senso, esta última pode perfeitamente ser a mais importante. Ela se destina a ajudar você a perceber quando está na hora de parar de se esforçar. Muitas vezes somos apanhados num redemoinho que pode conduzir apenas à decepção e ao fracasso. *Precisamos* acreditar que as escolhas que fizemos são certas e então nos agarramos a um modo de agir perdedor, apesar das evidências de que ele nos levará ao desastre. É aí que deveremos lançar mão da nossa estratégia final.

Aqui está um simples exemplo do que quero dizer. Imaginemos que você acaba de digitar um número para fazer um telefonema interurbano de longa distância e ouve uma mensagem gravada que lhe oferece uma generosa lista de opções. Você digita os botões corretos para o que quer e uma última mensagem diz: "Você está na prioridade de seqüência. Seu telefonema é muito importante para nós e nosso próximo atendente livre irá ajudá-lo". Então, você espera ao som de uma música de fundo escolhida por alguém. A um certo momento, a música pára e repetem a mensagem, despertando em você o impulso de desligar. Claro, você está pagando pela ligação e com os olhos da mente vê a conta aumentando. Por quanto tempo irá esperar? Quando decidirá que já esperou bastante e desligará? O motivo urgente pelo qual você fez o telefonema já está custando mais do que valerá a resposta que porventura venha a ter — mais, na verdade, do que custariam vários telefonemas. O que fazer?

A resposta está na Estratégia #7.

Não Trave uma Batalha Perdida

Uma das lições mais duras que a vida nos dá é que às vezes uma situação não funciona, apesar dos nossos maiores esforços. Quando você perceber que as coisas estão indo por esse caminho, em algum momento terá de parar, avaliar a situação e redefinir a direção que escolheu. Não há lógica em desperdiçar energia lutando por uma batalha perdida. Você precisa saber quando chegou ao ponto em que seria desperdício, errado ou até mesmo perigoso continuar. Há casos em que tomar essa resolução significa encarar a desagradável suspeita de que erramos em começar.

Para a maioria de nós, desistir de algo e recomeçar é uma façanha considerável. Cansamos de ver pessoas que se sentem cobertas de lógica, de razão e que por isso apostam pesado no que acham correto. Jogadores sempre fazem uma última aposta para ver se a sorte mudou. Criminosos sempre tentam dar um golpe de mestre. Esposas maltratadas permanecem com seus torturadores acreditando que eles irão parar de maltratá-las.

Para quem está olhando de fora é muito fácil enxergar a verdadeira lógica e saber que aquela atitude não é a aconselhada pelo bom senso. Mas quando se faz parte da situação fica difícil enxergar isso com clareza. Pode-se ficar tão cego que nos faltará o bom senso. Felizmente, a nossa sétima estratégia nos diz quando é o momento de largar tudo e voltar para casa. Você precisa saber quando deve agir assim para não perder ainda mais.

Claro, esta estratégia não se propõe a dizer-lhe que pare tudo no minuto em que as coisas começam a dar errado. Ao contrário, ela ensina a reconhecer quando será loucura ou perda de tempo continuar. Você poderá ver analogias disto em outras áreas da sua vida. Se quiser investir no mercado de valores, por exemplo, um bom corretor da Bolsa irá lhe mostrar a importância de você manter-se dentro dos seus próprios limites e de definir claramente sua finalidade antes de começar. Determine a quantia máxima que pode perder e a quantia-alvo que quer atingir e só então instrua seu corretor a vender quando seu capital chegar aos limites estabelecidos.

Sem limites definidos você correrá o risco de ser encurralado numa situação da qual não terá como sair. Se o seu capital começar a subir será muito tentador dizer a si mesmo "Vou subir só mais um pouquinho". E se ele cair, você tenderá a dizer "Essa sorte tem de virar". De qualquer modo, você estará se agarrando a uma suposição. Estabelecendo limites resistirá às tentações e fará investimentos conscientes, de maneira deliberada.

Bem, agora o problema é transferir este conhecimento a todos os aspectos da sua vida.

É Aqui que A Voz Interior Entra de Novo

Se você está tendo problemas de relacionamento, conflito com os filhos ou aborrecimento no trabalho, não tem necessariamente que largar tudo e ir embora, nem ignorar as dificuldades e ficar esperando que elas se resolvam por si mesmas. Precisa assumir o controle da situação e tentar resolvê-la. Muitas vezes isso exige um retorno à voz interior a que nos referimos em capítulos anteriores.

Até este momento, a voz se manteve à nossa disposição para nos dizer a verdade em todas as situações. "A voz interior torna [os movimentos do mundo] tão aparentes para mim que não posso observar o curso do Sol sem imaginar a força que o produz", escreveu Jean-Jacques Rousseau. Essa voz é um mecanismo extremamente complexo e por isso exige um exame mais detalhado. Vamos usar o processo de escrever para entender como ela funciona.

Muitos escritores primeiro produzem vários textos sem editá-los. Esse trabalho lhes dá experiência para explorar novas possibilidades e depois criar textos bem mais consistentes e criteriosos. Mas essa produção literária não está pronta para ser publicada assim que é terminada. Primeiro, precisa ser cuidadosamente revisada para melhorar o conteúdo, a fluência e a continuidade. Depois tem que ser verificada, linha por linha, quanto à gramática, à sintaxe e à ortografia. Somente quando essa parte do processo estiver completa é que o conto, artigo ou romance será submetido a uma leitura para avaliar suas possibilidades de publicação. Mas para chegar a esse ponto são necessárias três coisas: uma idéia interessante, palavras que tornem essa idéia uma realidade e o exame detalhado do trabalho para torná-lo publicável.

A voz que mora na nossa cabeça também desempenha três papéis nisso: o de pensador, o de realizador e o de crítico. Todos os três são muito importantes, mas devem trabalhar em harmonia para tornarem eficiente a sétima estratégia. A Estratégia #7 só funcionará bem se essas três partes forem compreendidas, respeitadas e seguidas.

O *pensador* é a parte da voz que desenvolve novas idéias ou descobre novas soluções para os desafios que enfrentamos. É o componente inovador que cria idéias em seu estado bruto. O pensador fixa-se exclusivamente nas idéias e nas soluções, sem dar nenhuma atenção a como elas podem ser postas em ação. Para muitos escritores, o componente pensador trabalha o tempo todo. De fato, a maioria deles anda sempre com uma caneta e um papel para anotar as idéias que possam surgir. Mas precisam tomar cuidado com o excesso de inspiração, com os saltos que dão de projeto a projeto sem ver mais nada ao seu redor.

O *realizador* transforma em realidade as idéias do pensador. Muitos escritores fazem fichas das idéias e quando têm um momento de calma verificam essas idéias a fim de encontrar entre elas um tema interessante para escrever. O realizador, então, verifica cada idéia segundo sua possibilidade de realização e a quantidade de pesquisa necessária para realizá-la.

Deixe-me ilustrar isso com outro exemplo. Digamos que um dia você acorda e seu pensador lhe diz "Preciso de um carro novo". O seu realizador, então, analisa: "Posso economizar e pagar esse carro à vista; posso, também, pegar o dinheiro num banco e pagá-lo em prestações mensais ou, ainda, falar com tia Harriet para ver se ela me empresta". O realizador pega as idéias do pensador e procura os caminhos para realizá-las. Essas duas partes devem trabalhar em conjunto antes que você tome qualquer decisão.

Isso nos leva ao terceiro componente da voz, o *crítico*. O crítico equilibra o pensador e o realizador. Ele observa tudo com olhar imparcial. Como um verdadeiro crítico, é honesto e incansável. Você poderá ignorá-lo ou desobedecê-lo, mas não pode livrar-se dele. O crítico adiciona sua sabedoria aos trabalhos do pensador e do realizador, refinando a decisão ou mesmo anulando-a. Quando você pensar em comprar um carro novo, o crítico poderá dizer "Já estou no limite das despesas e se fizer mais uma dívida terei que desistir de algo, talvez das férias". Para o escritor, o crítico poderá dizer: "Essa idéia é antiga. Pense em algo novo". Muitas vezes o que é visto como uma grande idéia começa a parecer não tão sensacional assim quando visto à luz do dia.

Convocando o Crítico

O pensador, o realizador e o crítico têm vozes separadas, uma vez que cada qual tem seu próprio tipo de conselho. O conjunto integra o sucesso de qualquer empreendimento. As opiniões do pensador e do realizador podem destruir o processo todo se não forem submetidas ao crítico. Mas de que valem as idéias (a voz do pensador) se permanecerem inexploradas? E o que há de bom em planejar (a voz do realizador) se não existir nada para transformar em planos?

Essas três vozes agem numa seqüência lógica. Precisamos primeiro ouvir o pensador, em seguida o realizador e, por fim, o crítico para fazer a Estratégia #7 funcionar como deve. Cada voz tem seu propósito. Se cada uma for ouvida em proporção igual e na seqüência certa você terá boas chances de sair-se bem em todas as situações. Mas invocar cada uma das vozes sem seguir a seqüência certa, e individualmente, poderá criar confusão.

Alguns atores usam uma peça de roupa ou de joalheria que os ajuda a prepararem-se para desempenhar determinado papel. Uma vez que encontrem o objeto certo para colocá-los no clima adequado, usam-no para ajudá-los a tornar-se o personagem que criaram. Do mesmo modo, um escritor pode mudar de roupa ao escrever sobre diferentes temas. Roupas, jóias, trabalhar num ambiente diferente — tudo pode nos ajudar a invocar cada uma das vozes.

Você pode invocar o crítico quando quiser? Sim, claro que pode. Lembre-se, o crítico está sempre pacientemente (ou impacientemente) esperando para dar sua opinião. O modo mais eficiente de convocá-lo é dissociar-se do problema — em outras palavras, desligue as vozes do pensador e as do realizador. Na maior parte das vezes o seu crítico está dando saltos de impaciência, pedindo para ser ouvido. Ouça-o!

Infelizmente, em geral nos sentimos mais confortáveis nos papéis de pensador e realizador. Quase sempre o crítico é como um chute na canela, por isso preferimos ignorá-lo. Só que ignorar o crítico é a receita para o fracasso. Entre outras coisas, ele nos indica quando devemos lançar mão da Estratégia #7 e desistir das situações que não estão dando certo.

Como é possível dissociar-se o bastante do pensador e do realizador para invocar a voz do crítico? Bem, imaginemos que você está dirigindo os trabalhos numa reunião que se destina a discutir uma série de prazos perdidos. Todos nessa reunião empenham-se em livrar-se da responsabilidade e se mantêm ocupados demais desculpando-se e acusando os outros. Mas tudo o que você de fato vê é uma grande perda de tempo e dinheiro. Antes de prestar atenção aos vários argumentos, coloque de lado o pensador, o realizador e assuma o papel de crítico. Recoste-se no espaldar da sua cadeira e observe o que acontece. Você irá descobrir que uma vez dissociado do restante do grupo terá uma nova perspectiva. Deixará de ser um participante defensivo ou irritado, para tornar-se um espectador imparcial. Assim estará em condições de enxergar todos os componentes do problema, ver como eles se formaram e será capaz de perceber onde residem os erros; desse modo poderá sugerir maneiras para diminuir as perdas.

Há poucos caminhos para invocar o crítico. O primeiro, como acabamos de ver, é remover-se mentalmente da situação. Uma pessoa verdadeiramente sábia que conheci (e que se tornou meu modelo de indivíduo com bom senso) disse-me que se eu pudesse olhar a vida através de uma janela do quinto andar tudo se tornaria claro. Quer dizer, é preciso assumir uma posição suficientemente distante de um problema a ser resolvido para ter uma visão completa do quadro, porém próxima o bastante para que todos os detalhes sejam vistos.

A segunda maneira de convocar o crítico é modificarmos nossa posição física e nossa atitude. Voltemos para a reunião de emergência. Nela, você se reclina na cadeira e presta atenção ao que ocorre. Muda de posição assumindo a linguagem corporal e a expressão facial do crítico, em vez das linguagens corporais e expressões faciais do pensador e do realizador. Em vez de inclinar-se sobre a mesa em atitude de ataque, pronto para destruir a primeira pessoa que disser a coisa errada, você se senta comodamente e observa. Talvez tamborile os dedos pensativamente, acene com a cabeça de modo ajuizado e assuma uma postura relaxada e distante.

É importante compreender que expressamos cada voz de modo diferente. Para demonstrar o que digo, contarei o caso do funcionário de um político de renome que é meu conhecido. Esse funcionário era um homem brilhante que sempre apresentava novas e surpreendentes soluções para os problemas que surgiam. Tinha enorme poder de negociação e no decorrer de anos sugeriu muitas inovações audaciosas. No entanto, cada vez que o patrão discordava dele, o funcionário ficava ofendido. Alguma coisa precisava ser feita.

Um dia, o político notou que a aparência física do seu funcionário mudava toda vez que ele estava apresentando a solução para um novo problema. Seus olhos tornavam-se maiores, o corpo se aprumava, gesticulava muito com as mãos e o rosto se tornava mais expressivo, mais vivo. Então, o político lhe disse "Seu pensador hoje está fazendo hora extra, não?". O empregado não entendeu o comentário. Então, meu conhecido acrescentou: "Você sabe que tem duas outras vozes interiores, não sabe? Vamos fazer uma experiência. Como o seu realizador reagiria a esta idéia?". Explicou ao funcionário o papel do realizador e imediatamente a atitude do homem mudou. Seu corpo tornou-se um pouco menos rígido e os olhos estreitaram-se. Como realizador o funcionário disse ao político de que maneira a idéia dele deveria ser executada. O político repetiu a experiência fazendo o funcionário invocar a voz do crítico e esperou o resultado. Como sempre, a idéia do funcionário era viável, mas como crítico ele foi capaz de analisá-la rapidamente e refiná-la. E, assim, transformou uma idéia meramente boa em uma grande idéia simplesmente assumindo esses diferentes papéis.

Toda Ação tem Conseqüência

Uma vez tendo se dissociado dos acontecimentos, o que você irá fazer? Bem, ficar comodamente sentado e observando pode ser esclarecedor por si só, mas o seu crítico também precisa apontar as conseqüências lógicas de cada atividade. Existe uma conseqüência lógica para toda e qualquer ação. Se você gastar dinheiro demais numa só coisa não terá dinheiro para outras. Se você dirigir sem cuidado aumentará as chances de sofrer ou provocar um acidente. Se você comer mal irá prejudicar sua saúde. É uma questão de probabilidades. Uma vez que é possível dirigir de maneira descuidada e jamais ter um acidente, comer alimentos ruins e nunca se sentir mal, fumar até chegar aos cem anos sem ter câncer, você está jogando com as probabilidades. É mais ou menos como apostar a sua vida num jogo de vinte-e-um. Você pára no dezesseis ou pede mais cartas? John F. Kennedy disse: "Toda e qualquer atitude traz riscos e custos. Porém estes riscos e custos são muito menores dos que aqueles provocados por uma confortável atitude de inação". Deixe que o seu crítico aponte as conseqüências lógicas de suas ações e ajude-o a injetar um pouco de bom senso nas suas decisões.

Agora vamos acompanhar o crítico em cada uma das Sete Estratégias do Bom Senso.

Como um crítico, primeiro você deve analisar qualquer situação e concluir que nada é absoluto. Há sempre uma resposta alternativa e para encontrar essa resposta você precisa aprender a fazer as perguntas certas. Isso faz parte da Estratégia #1.

A Estratégia #2 diz que as melhores soluções podem ser encontradas em qualquer lugar. É preciso, apenas, que você remova a venda que cobre seus olhos e as veja.

A Estratégia #3 explica como filtrar e processar a informação.

A Estratégia #4 demonstra como transformar a informação em conhecimento seguindo três princípios-guias: determinação, compromisso e força interior.

A Estratégia #5 diz que se o melhor caminho não se revelar imediatamente você deve olhar na direção oposta. Quer dizer, reverter a causa-e-efeito da progressão, definir a meta desejada e estabelecer claramente as suas intenções.

A Estratégia #6 explica como as coisas podem dar errado inesperadamente. Mostra como voltar atrás e percorrer de novo os acontecimentos em ordem ascendente de detalhes.

Por fim, a Estratégia #7 explica quando pular fora. Este princípio nos ensina a reconhecer cada um dos três aspectos da nossa voz interior: o pensador, o realizador e o crítico. O crítico analisa as ações em termos de suas conseqüências lógicas.

Compreendendo a Estratégia #7

1. No seu caderninho de anotações, faça a lista de cinco coisas que você gostaria de ter na vida. Parta do princípio de que não existem restrições tais como tempo ou dinheiro.
2. Em seguida, resolva de que modo poderá alcançar essas cinco coisas. Para que este exercício funcione, não modifique nada com cortes ou acréscimos. Procure ser franco e verdadeiramente criativo ao definir os modos e caminhos para conseguir o que deseja.
3. Depois, deixe que o crítico entre em ação e examine as suas anotações. Você consegue encontrar sentido nas coisas que quer? Há caminhos e modos plausíveis para consegui-las ou realizá-las?

Conclusão

Talvez nem sempre você esteja *certo* em relação ao bom senso, mas sempre ajuda procurar tornar as coisas *melhores*. Se você aprender a equilibrar o pensador, o realizador e o crítico, será capaz de enfrentar qualquer desafio que apareça no seu caminho e lidar com qualquer dificuldade ou problema que a vida jogue em cima de você.

UMA PALAVRA FINAL

Então, estas são as Sete Estratégias do Bom Senso. Agora que você as conhece, tudo deve ser diferente. Sua vida e sua perspectiva só podem ser melhores, mais completas, mais gratificantes.

Mas você deve estar se perguntando se realmente deve passar pelas sete estratégias antes de tomar qualquer decisão. A resposta é sim. Deve. Contudo, uma vez que conhecer bem as estratégias que, assim, passarão a fazer parte do seu pensamento, a passagem por elas se tornará automática. Você não precisará ir mecanicamente de uma estratégia para outra porque essa ação terá se tornado automática, inconsciente.

É verdade que leva algum tempo para chegar a esse ponto. Por enquanto, trabalhe com as estratégias conscientemente e procure aplicá-las em sua vida de maneira metódica. Com a prática, as estratégias se tornarão uma segunda natureza. Você as aplicará instintivamente quando tiver que buscar uma solução ou não souber que passo dar em determinada circunstância. Porém, lembre-se: não se deve incluir o bom senso na nossa existência à custa do divertimento, do risco e da aventura. Uma saudável dose desses três elementos faz parte de uma vida bem equilibrada.

É isto. As sete estratégias. Agora você é capaz de ter bom senso na sua vida e de mantê-lo nela.

EPÍLOGO

Além de ser autor deste livro sou conferencista profissional. Viajo pelo mundo apresentando diversos temas aos meus auditórios. Considero este trabalho muito compensador, porém sinto-me ainda mais realizado quando as pessoas me procuram depois do seminário e me dizem que os conceitos emitidos por mim tocaram-lhes o sentimento ou as fizeram alterar o modo de ver as coisas.

É o que costuma acontecer depois que dou uma palestra sobre as estratégias que apresentei neste livro. Numa das vezes em que falei para um grupo de banqueiros, Dan, administrador do sistema de informática de um banco, procurou-me depois de terminado o seminário:

— Foi muito interessante — começou ele. — Eu pensei que soubesse tudo sobre bom senso, mas ao ver como você o dividiu em categorias percebi que assim é muito mais fácil usá-lo.

— Todas as idéias que apresentei você já conhecia — respondi. — Só faltava alguém que lhe mostrasse a maneira de processá-las.

— É verdade — concordou Dan. — Foi como se você me entregasse um mapa da mina. Talvez eu chegasse até lá por conta própria, porém o mais certo seria me perder no meio do caminho.

Nesse momento, Mia, um executivo sênior do mesmo banco, e Lyle, seu assistente executivo, juntaram-se a nós.

— Desculpe interrompê-los — disse Mia —, mas quero agradecer-lhe pelo que nos transmitiu hoje. Foi muito importante ouvi-lo dizer que nossos primeiros instintos provavelmente sejam os certos, os que devem ser seguidos. Estamos no meio de uma reestruturação e perdi semanas tomando decisões que são contrárias às estratégias que você nos apresentou. No fim, acabei sem saber se pegamos o melhor caminho. Creio que foi tão difícil decidir porque não dei ouvidos à minha intuição. Se o tivesse feito, teria sido mais fácil determinar as escolhas.

— Na semana passada — disse Lyle — estávamos preparando o relatório final para a reunião do conselho. Tínhamos passado uma semana planejando-o, revisando contas e redigindo o texto. Quando estávamos com o relatório quase pronto o mercado de valores despencou. Vimo-nos de volta ao ponto inicial, teríamos de refazer tudo. Pareceu-nos que aquele trabalhão todo tinha sido pura perda de tempo. O que tinha sentido no dia anterior não queria dizer mais nada. Precisávamos voltar à estaca zero e planejar tudo de novo. As sete estratégias nos oferecem uma base sólida para trabalhar daqui por diante.

Dan apoiou:

— Sei o que quer dizer, Lyle. Com nossa *on-line* na rede bancária, descobrimos que estávamos tomando decisões com base apenas na nossa experiência em tecnologia e que havíamos esquecido de levar em conta a determinação de consultar nosso serviço de atendimento ao cliente. Tomamos decisões completamente desequilibradas em relação à Escala de Valores e Experiência que você citou na terceira estratégia, Barry. Muito tempo foi dedicado aos aspectos práticos e a como eles funcionavam, mas não consideramos como um cliente os utiliza. Olhando para trás, posso ver que empregamos um mês e meio num trabalho que poderia ter sido feito em um mês.

— Essa é uma importante lição — comentei. — É preciso trabalhar em conjunto com os colegas. Em toda organização é crucial lembrar-se da chave de valores, coisa que quase sempre esquecemos na corrida alucinada que empreendemos todos os dias para o fim da linha.

Dan pareceu perplexo por alguns momentos.

— Ouvi o que você disse, Barry: a percepção é como a acuidade visual, sempre de 20/20. Mas, em primeiro lugar, como saber que estamos fazendo a escolha certa? Meu maior problema é que ouço com muita atenção meu crítico interior e posso ficar paralisado pela dúvida a ponto de não conseguir sequer discernir entre a voz interior e meu próprio senso de dúvida. Às vezes fico tão longe de ser um inconsciente competente que me vejo na situação de não poder tomar nenhuma decisão.

— Não existe solução fácil para este problema — eu disse — a não ser a certeza de que aprendemos mais a cada erro que cometemos. Você não deve temer o fracasso. Tem apenas que na próxima vez incluir a experiência da falha em seu processo de tomar decisões. Nossas histórias pessoais são uma coletânea de experiências, algumas positivas, outras dolorosas, porém todas desempenham um papel crítico em nos moldar a cada dia e em nos explicar por que pensamos de determinado modo. A pessoa inteligente acessa seu catálogo de experiências e pesa seus valores, intelecto, emoções. Isto aumenta as suas possibilidades de tomar uma decisão imediata e com enormes chances de ser a certa.

— Mas o que fazemos com as soluções que realmente não fazem nenhum sentido? — perguntou Mia. — Onde ficam as coisas como destruição do meio ambiente, aquecimento global, poluição, o buraco na camada de ozônio? Não me parece que isto faça muito sentido se estivermos indo na direção certa. Ainda continuamos indo em frente arrasando florestas e poluindo a água que nos cerca. Como ver lógica numa coisa que realmente não parece ter o menor sentido?

— Eis aí uma excelente pergunta — aprovei. — Como sociedade, parecemos capazes de justificar todo tipo de coisa: pequenos ímãs para recados na porta da geladeira, computadores portáteis, *chips* de computadores, frigideiras de microondas para fritar *bacon*. Estas coisas parecem tornar nossas vidas mais fáceis, mas ficarão para sempre nos nossos depósitos de lixo. Jamais paramos para avaliar se realmente essas coisas fazem sentido, se de fato *precisamos* delas. Um dia, cientistas encontrarão essas coisas em escavações e por elas julgarão a nossa sociedade. Podemos apenas esperar que eles nos observem com bondade, mas quem vai saber? Se formos conscientes e tomarmos decisões baseadas nas Sete Estratégias do Bom Senso teremos alguma esperança de estabelecer agora o que os cientistas do futuro irão descobrir e pensar.

Lyle ponderou durante alguns momentos.

— Interessante... — comentou. — Com as ferramentas que você nos deu, as sete estratégias e como utilizá-las, sinto-me como se estivesse diante da promessa de uma feliz e incrível viagem.

— Muito obrigado, Barry — disse Dan, depois de uma longa pausa. — Realmente você me esclareceu muitas coisas hoje. Mal posso esperar para passar o que aprendi para os meus amigos. Tenho certeza de que eles irão dar enorme valor ao que você nos ensinou.

— Obrigado — agradeci-lhes antes que fossem embora.

Mas eu sabia que não lhes havia dito nada que eles já não soubessem. Simplesmente eu os tinha ajudado a colocar uma moldura ao redor do que já sabiam... e isto é apenas bom senso.

Continuando a Busca do Bom Senso

Todos nós eventualmente nos encontramos em situações que parecem impossíveis de resolver e depois encontramos a solução perfeita para os problemas que elas significam.

Eu gostaria muito de conhecer as suas histórias de como incluiu, ou tenta incluir, o bom senso em sua vida. Talvez eu possa usá-las para ajudar as pessoas que comparecem às minhas conferências e seminários. E assim também teria material novo quando chegar a hora de atualizar o livro *Você Quer, Você Pode*.

Se você quer compartilhar suas experiências comigo, acesse o **www.bumblebeescantfly.com**